Münsterschwarzacher Kleinschriften

herausgegeben
von den Mönchen der Abtei Münsterschwarzach

Band 19

Anselm Grün

Einreden –

Der Umgang mit den Gedanken

Vier-Türme-Verlag

Bibliographische Information der Deutschen Nationalbibliothek
Die Deutsche Nationalbibliothek verzeichnet diese Publikation in der Deutschen Nationalbibliographie; detaillierte Informationen sind im Internet über http://dnb.d-nb.de abrufbar.

CO_2-neutral produziert

22. Auflage 2014

Umschlaggestaltung: Morian & Bayer-Eynck, Coesfeld
Umschlagmotiv: Morian & Bayer-Eynck, Coesfeld
www.mbedesign.de

Druck und Bindung: Benedict Press, Vier-Türme GmbH
Münsterschwarzach

ISBN 978-3-87868-166-3
ISSN 0171-6360

www.vier-tuerme-verlag.de

Inhalt

Einleitung

Vor einiger Zeit erzählte mir eine Schwester, die in einem Rehabilitationszentrum für psychisch Kranke arbeitet, von einem Patienten. Es war ein junger Mann, intelligent, gutaussehend. Doch er machte keinerlei Fortschritte. Bei allen Versuchen, mit ihm zu arbeiten, sei es nun Arbeitstherapie, Musiktherapie, oder was auch immer, hatte er stets zwei Sätze parat: »Das kann ich nicht, das bringt mir nichts.« Der Arzt sagte ihm schließlich in einem Gespräch: »Deine Worte sind dein Leben. Deine Worte sind deine Krankheit.« Die negativen Einreden haben diesen jungen Mann krank gemacht. Sie haben sich so in sein Inneres gebohrt, daß sie ihn daran hindern, sich heilen zu lassen. Solange er an diesen Worten festhält, wird er nie gesund werden.

Die Geschichte von diesem Patienten hat für mich ein neues Licht auf die Erfahrungen geworfen, die die alten Mönche mit der Wirkung der Gedanken auf die Gesundheit bzw. Krankheit eines Menschen gemacht haben. Evagrius Ponticus († 399) hat ein eigenes Buch geschrieben, in dem er über 600 solcher negativer Einreden aufzählt, die einen krank machen können. Er nennt es Antirrhetikon (= Sammlung von Gegenworten).[1]

Darin setzt er den negativen Einreden Sätze aus der Heiligen Schrift entgegen, um die krankmachenden Gedanken zu vertreiben und zu besiegen. Die Beschäftigung mit Evagrius hat mich hellhörig gemacht, bei mir selbst auf die Wirkung negativer Einreden zu achten. Und in Beichtgesprächen entdeckte ich, wie bei vielen Menschen negative Einreden die Ursache für ihre Schwierigkeiten im Alltag sind, für ihre Probleme mit Mitmenschen, mit der Arbeit, mit ihren Gefühlen und Stimmungen. Wenn wir uns genau beobachten, so entdecken wir, daß wir ständig von irgendwelchen Sätzen leben, die wir uns vorsagen, oder die uns automatisch in bestimmten Situationen durch den Kopf gehen, mit denen wir auf Mißgeschicke, auf Mitmenschen, auf Anforderungen in der Arbeit reagieren: »Das ist zu schwer für mich, das kann ich nicht; schon wieder dieser Typ; das kann auch nur mir passieren.« Oft reagieren wir aber auch mit positiven Einreden: »Halb so schlimm, das wird schon vergehen.« Vielen fallen in solchen Momenten Sprichwörter ein, die ihnen helfen, mit schwierigen Situationen fertig zu werden. Unser früherer Abt Burkard Utz hatte für alles, was auf ihn zukam, den Satz parat: »Wie's kommt, wird's g'fressen.« Das war seine Art, auf Herausforderungen des Alltags zu reagieren, sicherlich eine bessere Methode, als sich hängenzulassen und sich vorzusagen, daß man das ja nie schaffen werde.

Die Erfahrungen der alten Mönche mit den Einreden veranlaßten mich, Jugendliche bei Kursen auf ihre Einreden hin zu befragen. Von dem, was die Kursteilnehmer aufgeschrieben haben, sei eine kurze Auswahl vorgestellt. An negativen Einreden wurden genannt:

Schon wieder aufstehen. Ich hab keine Lust. Ich bin so müde. Blödes Wetter heute. Jetzt geht der Streß schon wieder los. Viel zuwenig geschlafen. Blöde Arbeit. Wenn die Arbeit doch schon rum wäre. Keiner mag mich. Warum muß ich immer allein sein? Warum muß ich mit allem allein fertig werden? Warum hab ich so wenig Freunde? Warum macht man es mir so schwer? Warum immer ich und nicht die anderen? Warum schenkt man mir nichts, rein gar nichts? Ich habe Angst. Ich kann das nicht. Ich kann nicht mehr. Ich bin unsicher und ungeschickt. Ich bin so stumpf und leer. Es hat doch keinen Sinn. Schaff ich doch nicht. Das lerne ich nie. So was Blödes. Du bist ein Idiot. Warum bloß jetzt? Warum ausgerechnet du? Ach hättest du das lieber gelassen. Schon wieder zuviel gegessen. Keine Zeit für mich. Alles regt mich auf. Du kannst dich einfach nicht beherrschen. Wieder mal nicht geschafft. Die anderen sind viel besser als ich. O je, schon wieder dieses Fach, dieser Lehrer. Hoffentlich ist die Schule bald aus. Das kann auch nur mir passieren. Ich Rindvieh. Null Bock. Muß das sein? Laßt mir doch meine Ruh. Ich bin zu gestreßt. Ich will jetzt nichts mehr hören. War das ein blöder Tag. Wenn doch nur schon alles vorbei wäre. Ich glaub, ich spinn. Du bist dumm. Was soll das alles. Alles Schwindel. Am liebsten wäre ich tot.

Solche negativen Sätze tauchen immer wieder unbewußt auf. Sie lähmen uns, rauben uns Energie und halten uns in einer negativen Stimmung fest. Oft genug machen sie uns krank. Sie lassen uns nicht mehr los. Sie sind wie ein Raster, mit dem wir automatisch auf die Ereignisse unseres Alltags reagieren.

Die Jugendlichen haben bei der Umfrage aber auch eine Reihe positiver Sätze aufgeschrieben. Es ist teilweise Temperamentssache, oft Sache der Grundeinstellung zum Leben, ob einer mehr mit positiven oder negativen Sätzen reagiert:

Es wird sich schon alles finden. Davon geht die Welt nicht unter. Alles geht einmal vorbei. Morgen sieht die Welt wieder anders aus. Alles hat seinen Sinn. Schön auf mich zukommen lassen. Let it be. Take it easy. Packen wir's an. Es wird schon klappen. Wird schon wieder werden. Sieh es nicht so eng. Es kann nicht immer schönes Wetter sein. Halb so wild. So wie es kommt, ist es gut. Gott begegnet mir in jedem Menschen. Gott liebt mich so, wie ich bin. Immer mit der Ruhe. Macht nichts. Das nächste Mal geht's besser. Ran an den Feind. Du kannst das.

Dabei stoßen die Jugendlichen auch immer wieder auf Sprichwörter, die ihnen ein Stück weiterhelfen:

Wo ein Wille, da ein Weg. Übung macht den Meister. Was uns nicht umbringt, macht uns nur stärker. Aller Anfang ist schwer. Auf Regen folgt Sonnenschein. Es ist noch kein Meister vom Himmel gefallen. Was du heute kannst besorgen, ver-

schiebe nicht auf morgen. Unkraut vergeht nicht. Hab Sonne im Herzen. Frisch gewagt ist halb gewonnen. Eile mit Weile. Es wird nicht alles so heiß gegessen, wie es gekocht wird.

Auch eine Reihe von Stoßgebeten werden genannt, die manchen tagsüber immer wieder einfallen und ihnen helfen, schwierige Situationen zu bewältigen:

Herr, sei bei mir. Herr, verlaß mich nie. Herr, hilf mir. Herr, ich kann nicht mehr, mach du weiter. Gib mir Kraft. Laß mich nicht allein. Lieber Gott, steh mir bei. Danke für diesen Tag. Danke für diesen Augenblick. Segne das bevorstehende Gespräch. Zeige mir den rechten Weg. Schenke mir Geduld für ...

Für viele war es auch eine Hilfe, sich immer wieder Psalmverse oder selbstgeformte Gebete vorzusagen:

Der Herr ist mein Licht und mein Heil. Der Herr ist mein Hirte, nichts wird mir mangeln. Nur zu Gott hin wird stille meine Seele. Meine Zeit in deinen Händen. Muß ich auch wandern in finsterer Schlucht, ich fürchte kein Unheil, du bist ja bei mir. Dir allein, Vater, möchte ich dienen. Gott, du bist mein Freund. Du läßt dich mit mir ein, nimmst mich an, so wie ich bin. Verbirg dein Angesicht nicht vor mir, o Herr.

Es ist nicht unwichtig, welche Sätze wir uns vorsagen. Die einen lähmen uns, halten uns in schlechter Laune, in Selbstmitleid und Ärger gefangen. Die anderen geben uns Kraft, Mut, inneren Schwung, die Bereitschaft, schwierige Dinge anzupacken. Im Gespräch untereinander erkannten viele Jugendliche, wie sehr sie sich von negativen Einreden leiten lassen und wie wichtig es wäre, sie durch positive Einreden zu ersetzen. Denn alle Willensanstrengungen, uns zu ändern, nützen nichts, wenn wir den negativen Gedanken in uns zuviel Raum lassen. Wir müssen an die Wurzel unserer Stimmungen heran. Und das sind die Einreden. Alle unsere inneren Haltungen, unser Neid, unser Ärger, unser Selbstmitleid, unsere Ängste, unsere Wut, unsere Freude, unsere Geduld, unsere Zufriedenheit, unsere Liebe, sie alle formulieren sich in Sätzen, die wir uns immer wieder auch vorsagen. Unser Geist ist so strukturiert, daß sich alles in uns auch sprachlich formuliert. Wir haben nicht einfach Ärger, er drückt sich bei uns auch immer in irgendwelchen Sätzen aus, in denen uns unsere innere Haltung bewußt wird. Und mit den Sätzen können wir zugleich unsere innere Haltung beeinflussen. Daher ist es eine wichtige Aufgabe, sich mit den Sätzen zu beschäftigen, die sich in uns von selbst formulieren und die doch eine so immense Wirkung auf unsere Einstellung, auf unsere Stimmung, auf unser Denken, Fühlen und Handeln haben. Wir wollen dabei die Erfahrungen der alten Mönche befragen. Wie sind sie mit ihren Gedanken umgegangen? Welche Ratschläge geben sie, auf die negativen Einreden zu reagieren? Und welche Methoden haben sie entwickelt, in uns solche Gedanken zu entwickeln, die uns heilen, uns für Gott öffnen und uns zu unserem eigentlichen Wesen führen?

I. Die Bedeutung der Gedanken im alten Mönchtum

Der Weg zu Gott bedeutet für die alten Mönche Streben nach der Reinheit des Herzens, nach einem Leben in der Gegenwart Gottes, das geprägt ist vom ständigen Denken an Gott und von einer Liebe, die nur an Gott Gefallen hat und in ihm zur Ruhe kommt. Auf diesem Weg aber stoßen die Mönche auf das Hindernis der Gedanken, die sie davon abhalten, an Gott zu denken und sich für Gott zu öffnen. Und sie erleben ihren Weg zu Gott als Kampf mit den Gedanken, als ein Ringen mit den schlechten und als ständiges Bemühen um gute Gedanken, die sie mit Gott verbinden.

Zu Gott kommt man nicht durch äußere Werke, nicht durch große asketische Anstrengungen, sondern allein, wenn unser Denken und Fühlen rein werden, das heißt mit dem Denken und Fühlen Gottes in Einklang sind. Und so müssen wir uns zeit unseres Lebens mit den Gedanken auseinandersetzen, die uns in eine andere Richtung ziehen wollen. Wie Jesus vom Satan versucht wurde, der ihm gewisse Dinge einreden wollte, so werden wir nach den alten Mönchen von Dämonen versucht, die in uns bestimmte Gedanken hervorrufen und uns durch die Gedanken in eine falsche Haltung Gott und den Menschen gegenüber bringen wollen.

Unsere Gedanken entscheiden darüber, ob wir nach dem Geist Gottes leben oder aber im Widerspruch zu ihm. Die Gedanken prägen unsere Haltung. Gute Gedanken machen uns gut, schlechte Gedanken dagegen lassen uns böse werden. Wie einer ist, so handelt er auch. Wenn wir daher nach Gottes Willen handeln wollen, müssen wir bei unseren Gedanken ansetzen und sie Gottes Geist entsprechen lassen. Dann wird sich auch unser Tun danach richten.

Warum die Gedanken eine solche Wirkung auf uns haben, erklärt sich Johannes Cassian, der bedeutendste Autor im frühen abendländischen Mönchtum, mit der Vorstellung, daß die Gedanken den Geist des Menschen in das verwandeln, was sie ihm darbieten. Der Inhalt der Gedanken bestimmt die Qualität des menschlichen Geistes und entscheidet darüber, ob ein Mensch gut oder böse wird.

Notwendig muß ein Geist, der nichts hat, worauf er zurückkommen und dem er vorzüglich anhängen kann, jede Stunde und jeden Augenblick nach der Verschiedenheit dessen, was auf ihn eindringt, sich ändern und durch das, was sich außen ereignet, sogleich in den Zustand verwandelt werden, der sich ihm zuerst darbietet.[2]

Wenn der Geist kein Ziel hat, auf das er zusteuert, dann fallen alle möglichen Gedanken auf ihn ein. Er ist dem ausgeliefert, was auf ihn von außen einströmt. Er wird von außen gesteuert. Er lebt nicht selbst, sondern wird von außen gelebt. Der Geist wird immer etwas denken. Wenn wir ihm nichts vorgeben, was er denken soll, dann wird er sich mit dem beschäftigen, was sich ihm darbietet. Das ist aber so vielfältig und verschieden, daß es ihn nicht zu sich kommen läßt, sondern ihn zerstreut, ihn innerlich zerreißt. Er hat keinen Punkt mehr, von dem aus er die äußeren Einflüsse sichtet und beurteilt, sondern er wird von dem gesteuert und beherrscht, was er zu sehen bekommt. Als Heilmittel gegen diese Gefahr der inneren Zerrissenheit gibt Cassian an, man solle sich bewußt mit dem Wort Gottes beschäftigen. Dann werde man mit dem Geist erfüllt, der im Wort der Schrift steckt:

Es steht zum großen Teile bei uns, daß die Beschaffenheit der Gedanken verbessert werde, und daß entweder die heiligen und geistigen in unsern Herzen wachsen oder die irdischen und fleischlichen. Daher wird die häufige Lesung und die beständige Erwägung der heiligen Schriften angewendet, damit uns dadurch Gelegenheit geboten sei, das Gedächtnis mit geistigem Inhalt zu erfüllen. Daher das häufige Absingen der Psalmen, damit uns dadurch eine beständige Zerknirschung nahegelegt werde. Daher der Fleiß, der im Wachen, Fasten und Beten angewendet wird, damit der ernüchterte Geist nicht am Irdischen Geschmack finde, sondern das Himmlische betrachte.[3]

Cassian ist offensichtlich der Auffassung, daß der Geist sich notwendig in das verwandelt, womit er sich beschäftigt. Dieser Wirkung kann er sich nicht entziehen. Das liegt nicht in seiner Macht. In seiner Entscheidung liegt es allein, auszuwählen, womit er sich beschäftigen will. Daher ist die Auswahl der Gedanken, die auf uns einströmen, eine Hauptaufgabe des geistlichen Lebens. Wir dürfen uns nicht beklagen, daß es uns schlecht geht, daß wir depressiven Stimmungen nachhängen und voller Angst sind, wenn wir uns ständig Sätze vorsagen wie: »Das schaffe ich nie, ich habe keine Lust, ich habe Angst.« Durch solche Sätze bewirken wir in uns die Angst und die schlechte Laune. Zumindest setzt sich die Stimmung durch solche Sätze in uns fest. Indem wir uns mit Worten aus der Heiligen Schrift beschäftigen und sie uns vorsagen, können wir unsere Stimmung positiv verändern. Wir werden von dem Geist erfaßt, der uns in den Worten der Schrift begegnet. Wenn unsere Gedanken mit dem Wort Gottes beschäftigt sind, dann werden wir, nach Cassian, in das Wort Gottes verwandelt. In der Beschäftigung mit dem Wort Gottes vollzieht sich in uns seine Fleischwerdung.

Diese Auffassung Cassians scheint allzu einfach zu sein, als ob wir unsere Stimmungen durch die Auswahl unserer Gedanken selbst bestimmen könnten, als ob wir durch das Beschäftigen mit dem Wort Gottes alle unsere Probleme lösen könnten. Dagegen protestieren unsere psychologischen Kenntnisse. Ängste stecken einfach so tief in uns, daß sie nicht durch das Vorsagen von Schriftworten aus der Welt geschafft werden können.

Und Depressionen lassen sich auch nicht ohne weiteres durch Psalmverse heilen. Aber ein Stück weit können wir uns ohne Zweifel positiv oder negativ beeinflussen, je nach den Gedanken, die wir in uns einlassen. Die Erfahrungen der Mönche im Umgang mit den Gedanken werden uns auch noch andere Methoden zeigen, wie wir auf negative Gedanken reagieren können. Für den Augenblick wollen wir nur festhalten, daß die Gedanken einen erheblichen Einfluß auf unseren Geist, auf unsere innere Haltung und auf unser Tun ausüben. Askese bedeutet für die alten Mönche weitgehend Kampf mit den Gedanken, Auseinandersetzung mit negativen Gedanken und Ringen um Gedanken, die dem Geist Gottes entsprechen. Ohne diesen Kampf mit den Gedanken gelangt keiner zur Reinheit des Herzens, dem Ziel monastischer Askese.[4]

II. Negative Einreden

Die Gedanken äußern sich für die Mönche in irgendwelchen Sätzen, die uns zu etwas auffordern oder die uns ein Urteil über einen Menschen oder über unsere Situation eingeben. Die meisten Gedanken lassen sich also in Worte fassen. Sie beeinflussen uns als Einreden, die wir in unserem Kopf vorfinden. Ohne daß wir es wollen, hören wir bestimmte Worte in uns, die uns zu irgendetwas drängen wollen. Dazu einige Beispiele aus den Apophthegmata Patrum, einer Sammlung von Vätersprüchen aus dem 4. und 5. Jahrhundert:

Meine Gedanken quälen mich, indem sie mir sagen: Du kannst nicht fasten und auch nicht arbeiten, so besuche wenigstens die Kranken; denn auch das ist Liebe. (Apo 49)

Ein Bruder fragte den Abba Poimen: »Meine Gedanken beunruhigen mich, ich soll mich um meine Sünden nicht kümmern, und sie verleiten mich, auf die Mängel des Bruders zu sehen.« (Apo 192)

Die Versuchungen zeigen sich immer in Gedanken. So kommt dem Altvater Zenon, als er sich auf seiner Wanderung müde neben ein Gurkenfeld setzte, der Gedanke:

Nimm eine Gurke und iß! Was ist das schon auch! (Apo 240)

Die Gedanken sind für uns häufig innere Befehle. Und oft genug führen uns diese Befehle in die falsche Richtung. Oder aber sie deuten uns die Wirklichkeit verkehrt und führen uns zu einer falschen Sicht unserer selbst und unserer Umwelt. So sagen dem Altvater Isidor seine Gedanken ständig vor: »Du bist ein großer Mönch.« (Apo 362) Sie rufen in ihm Stolz hervor, Überheblichkeit gegenüber den anderen und Hochmut Gott gegenüber. Das aber ist für die alten Mönche ein Laster, eine Fehlhaltung.

Evagrius Ponticus teilt in seinem großen Buch über die Einreden (Antirrhetikon) die negativen Gedanken den acht Lastern zu, die uns von Gott abhalten und uns in die Herrschaft der Dämonen treiben. Die Acht-Laster-Lehre ist an anderer Stelle bereits ausführlich behandelt worden.[5] Hier sollen die acht Laster nur auf ihre negativen Einreden hin untersucht werden. Jedes Laster kennt seine eigenen Einreden, mit denen es sich in uns Gehör verschafft und in uns eine verkehrte Haltung hervorruft. Wenn wir diesen Einreden in uns zuviel Raum geben, dann hat uns das Laster im Griff und trennt uns von Gott. Es liefert uns nach der Vorstellung der alten Mönche der Herrschaft der Dämonen aus.

Die ersten drei Laster, Völlerei, Unzucht und Habgier, entsprechen den menschlichen Grundtrieben, der Gier nach Besitz, Lust und Macht, nach Anerkennung und Zuwendung. Sie äußern sich in Einreden wie: »Das brauche ich unbedingt. Das muß ich haben. Wozu verzichten? Ich habe ein Recht darauf.« Dabei hängt es von der Entwicklung des einzelnen ab, wieweit bei ihm die Triebbefriedigung über solche Einreden und Gedanken abläuft. Es gibt sicher auch viele, die einfach sofort auf das Spüren eines Triebes hin ihr Verlangen befriedigen, ohne daß irgendwelche Gedanken dazwischentreten. Sie müssen einfach essen, wenn sie etwas in die Finger bekommen, sie überlassen sich einfach dem sexuellen Verlangen und sie fühlen in sich einen Zwang, bestimmte Dinge zu kaufen, ohne daß sie sich darüber Rechenschaft geben. Aber im Normalfall äußern sich die Triebe in inneren Befehlen, die uns antreiben, das Bedürfnis zu stillen. Dabei verstecken sich die Triebe oft hinter scheinbar vernünftigen Gründen. Denn es wäre ja zu primitiv, einfach seinen Trieben ausgeliefert zu sein. Über eine solche Entwicklungsstufe fühlen wir uns erhaben. Und so malen uns die Gedanken aus, wie vorteilhaft es für uns wäre, bestimmte Dinge zu besitzen, wie das unserer Selbstverwirklichung guttäte, wie wir anderen damit helfen könnten.

Ein paar Beispiele aus dem Antirrhetikon sollen zeigen, welche Einreden nach Evagrius bei den drei Grundtrieben möglich sind. Vielleicht erkennen wir uns in manchen Gedanken wieder.

Beim Laster der Völlerei nennt Evagrius folgende Einreden: »Das Fasten nützt dir nichts. (2)[6] Das Essen reicht nicht. (8 und 10) Reib dich nicht durch Fasten auf. Das Fasten schadet deiner

Gesundheit.« (14 und 20) Oder die Gedanken reden uns Ängste ein, daß wir krank werden, wenn wir das und jenes nicht essen. Sie sagen uns vor, was uns alles weh tut, treiben uns zu übertriebener Sorge um unsere Gesundheit und malen uns aus, was wir alles nötig hätten, um uns vor möglichen Krankheiten zu schützen. (26 und 56)

Wenn man diese Gedanken durchgeht, so entdeckt man, daß sie uns nicht so fremd sind. Wie oft verursachen solche Gedanken Alkohol- oder Tablettensucht. Für uns ist sicher nicht das Problem, daß wir zu wenig zum Essen und zum Trinken haben. Aber manchmal meinen wir, wir müßten das und jenes Medikament, die Gesundheitskost und das Hausmittel und den Kräutertee noch haben, um ja gesund zu sein. Und wir entdecken dann in uns ähnliche Gedanken, wie sie Evagrius bei den alten Mönchen feststellt: Gedanken, die nur um unser leibliches Wohl kreisen, die uns beim kleinsten körperlichen Schmerz alle möglichen Krankheiten suggerieren und uns in unnötige Sorgen treiben.

Zum Laster der Unzucht führen uns nach Evagrius folgende Gedanken: »Du wirst mit deiner Sexualität nie zurechtkommen. (1, 4 und 8) Es ist mein Recht, die Sexualität zu befriedigen. (5) Es hat keinen Zweck, gegen den Trieb anzukämpfen.« (28f.) Zumeist aber äußert sich die Unzucht in sexuellen Phantasien, die sich den Verkehr mit einer Frau ausmalen. (32 und 36) Oder wir reden uns ein, daß es uns gar nicht schaden kann, uns mit dieser Frau einzulassen, da wir uns mit ihr ja über geistige Dinge unterhalten. (35 und 37) Eine Gefahr besteht auch darin, daß wir die Macht der Sexualität übertreiben und meinen, ihr hilflos ausgeliefert zu sein. (26, 31, 33)

Genauso gefährlich hält Evagrius die ständigen Selbstvorwürfe, die man sich macht, sobald man seinem sexuellen Verlangen nachgegeben hat. (31) Denn diese Selbstvorwürfe treiben einen immer wieder zu sexuellen Vorstellungen. In ihnen äußert sich nur der versteckte und nicht eingestandene Wunsch, ständig bei der ersehnten Sache zu sein, sich mit sexuellen Vorstellungen beschäftigen zu können, wenn auch unter dem negativen Vorzeichen der Verteufelung. Unter diesem negativen Vorzeichen kann man es sich gestatten, bei dem zu verweilen, wovon man fasziniert ist. Offen traut man sich nicht, dem sexuellen Trieb nachzugeben, so tut man es in der Art der Selbstvorwürfe. Doch das führt nicht weiter. Im Gegenteil, man bleibt auf seine Sexualität fixiert. Zurechtkommen kann mit seiner Sexualität nur, wer sie an sich heranläßt, sie annimmt, sich mit ihr aussöhnt. Dann kann sie integriert werden und kommt zur Ruhe. Eine der gefährlichsten Einreden ist für Evagrius der Gedanke, der uns vor Augen hält, »daß der Dämon der Unzucht nie von uns weichen wird«(38). Statt dessen soll man sich vorsagen, »daß der Dämon der Unzucht, wenn er besiegt ist, von uns geht und in uns schließlich Besonnenheit und Ruhe zurückläßt« (38).

Das Laster der Habsucht meldet sich in folgenden Einreden: »Du hast selbst nicht genug, wenn du etwas herschenkst. (9) Du mußt mehr arbeiten, damit du genügend für die Zukunft abgesichert bist.« (4, 26, 50) Oder wir machen uns Gewissensbisse, wenn wir einem Bettler etwas gegeben haben, ob es auch richtig war, ihm etwas zu schenken. Vielleicht mißbraucht er es. (47 und 57) Oder unsere Gedanken kreisen ständig um das Geld. Wir machen uns Sorgen, ob das Geld reicht, was wir damit alles anfangen könnten. Und wir spüren, daß es nie genug ist, daß wir aus dem Teufelskreis des Immer-noch-mehr-Brauchens nicht herauskommen. Es sind unsere Gedanken, in denen sich dieser Teufelskreis in unserem Bewußtsein äußert. Die Wurzel liegt tiefer. Es ist ein angeborener Trieb, der ja auch seine Berechtigung hat, damit wir verantwortlich leben können, der aber oft über sein Maß schießt. Die Überprüfung der Gedanken und Einreden könnte uns zeigen, wieweit bei uns der Wunsch nach Besitz und der Wunsch nach Anerkennung, der damit eng verbunden ist, übertrieben ist und uns innerlich unruhig und unzufrieden macht.

Eine noch wichtigere Rolle spielen die negativen Einreden bei den drei nächsten Lastern, die einem ungeordneten Verhältnis zu unseren Gefühlen entspringen: Traurigkeit, Zorn und Lustlosigkeit. In der Traurigkeit bemitleiden wir uns selbst und kreisen nur um unsere eigenen Probleme, ohne daß wir uns wirklich helfen lassen. Letztlich genießen wir unsere Traurigkeit, wir halten an ihr fest, wir brauchen sie, um uns nicht ändern zu müssen. Von der Fehlhaltung der Traurigkeit zeugen Sätze wie: »Ich habe es so schwer, keiner kümmert sich um mich, ich bin ein Versager, ich kann nicht mehr. Niemand mag mich. Bei mir geht alles schief. Das schaffe ich nie.« Die Ursache für die Traurigkeit sind meist zu hohe Erwartungen an sich selbst und an seine Umwelt. Man ist unersättlich in seinem Wunsch nach Erfolg und Besitz, nach Zuwendung und Anerkennung. Weil die übertriebenen Wünsche nicht erfüllt werden, zieht man sich gekränkt, beleidigt, frustriert in die Traurigkeit zurück, um sich so die Zuwendung von den Mitmenschen zu erzwingen. Nun müssen sie sich doch um mich kümmern, da es mir so schlecht geht. Doch sobald mich einer wirklich aus meiner Traurigkeit befreien und mich anleiten will, einen Schritt ins Leben zu wagen, ziehe ich mich wieder zurück. Ich brauche meine Traurigkeit, um an der Illusion festhalten zu können, daß die anderen an meiner Misere schuld sind.

Evagrius zählt als Einreden der Traurigkeit auf: »Es hat ja keinen Zweck, Gott hilft mir sowieso nicht. (1 und 4) Ich bin allein gelassen, Gott und seine Engel kümmern sich nicht um mich. (10) Die Dämonen verfolgen mich, sie haben mich in ihrer Gewalt. (28 bis 34) Vater und Mutter werden bald sterben. Wie soll ich dann leben.« (42) Die Traurigkeit äußert sich oft in der Angst, verrückt zu werden (43) oder aber in den Gedanken, die mir einreden, ich hätte doch alles falsch gemacht, mein Leben sei ohnehin verkorkst und ich sei nicht mehr zu retten. (55 und 73) Ein wesentliches Gefühl der Traurigkeit ist die Angst vor der eigenen Schwäche, vor der Übermacht der Dämonen. Man sagt sich vor, daß man den Versuchungen nicht gewachsen sei. (71, 47 bis 53) Anstatt zu kämpfen, flüchtet man in die eigene Schwachheit und bemitleidet sich selbst, man redet sich ein, wie schweren Kämpfen man doch ausgesetzt sei, daß man da unmöglich bestehen könne. Es ist immer meine Entscheidung, mit welchen Sätzen ich den Herausforderungen des Lebens begegne, ob ich mir vorsage: »Ich mache alles falsch« oder »Es ist noch kein Meister vom Himmel gefallen«. In der Traurigkeit entscheide ich mich für eine passive Reaktion, für ein unfruchtbares Michselbst-Bemitleiden. In meinen Einreden übertreibe ich die Herausforderung und meine Schwäche, um mich dem Kampf nicht stellen zu müssen. Und bei all diesen Sätzen, die ich mir vorsage, sehe ich nicht mehr, wie unehrlich ich im Grund mir selbst gegenüber bin. Ich übersehe meine eigene Kraft und fixiere mich auf meine Schwächen. Ich will nicht erwachsen werden und lasse mich lieber bemuttern.

Das Laster des Zornes zeigt sich in ständigen Selbstgesprächen, in denen wir innerlich über den anderen schimpfen, ihn schlechtmachen, verurteilen, seine Äußerungen uns gegenüber auf die Schwachstellen hin untersuchen und ihn dann in unseren Gedanken fertigmachen, bloßstellen, der Lächerlichkeit preisgeben. Evagrius nennt beim Zorn die Einreden, in denen wir die anderen beschuldigen und falsch verdächtigen (10): »Der andere gibt sich ja keine Mühe, er lebt völlig verkehrt.« (14) Oder wir verwünschen ihn, fluchen über ihn. (16) Wir führen ständig innere Streitgespräche mit ihm (24) oder lassen wegen jeder Kleinigkeit dem Ärger und der Bitterkeit in uns Raum. (29) Oder wir denken uns Worte aus, die den anderen verletzen. (32) Wir suchen nach Gründen, warum wir uns nicht versöhnen sollen, warum wir zu Recht grollen. (49 und 51) Wenn wir diese Einreden in uns gewähren lassen, dann zerfressen sie uns innerlich, sie machen uns verbittert, griesgrämig, aggressiv. Unsere Stimmungslage wird negativ. Wir stiften ständig Unfrieden, wir kämpfen immer gegen irgendwelche Gegner, die wir uns oft genug erst in der eigenen Phantasie aufbauen. Wir betrachten unsere ganze Umwelt als feindlich, reagieren auf sie zornig und aggressiv und bringen sie so noch mehr durcheinander.

Das Laster der »acedia« (Lustlosigkeit) äußert sich in Einreden wie: »Das bringt mir nichts, ich habe keine Lust dazu (null Bock auf nichts), es ist ja alles sinnlos. Wozu soll ich mich anstrengen, mich engagieren.« Solche Sätze rauben einem alle innere Kraft und lähmen. Evagrius nennt als Gedanken und Einreden, die uns in die Lustlosigkeit treiben, die Unzufriedenheit mit der Arbeit und das Suchen nach interessanteren und weniger anstrengenden Arbeiten. (1) Man macht den anderen in Gedanken schlecht, um sich selbst nicht anstrengen zu müssen. (2 und 5) Man sagt sich Gründe vor, daß es sich doch nicht lohnt, an sich zu arbeiten. (8) Oder man steigert sich hinein, wie schwer man es doch habe in seinem Leben. (14)

Man stürzt sich in Traurigkeit, weil die anderen es weitergebracht hätten als man selbst. (23) Man malt sich aus, was man noch alles ertragen müsse. (25) Den Ort, an dem man lebt, macht man schlecht und stellt sich vor, wie es anderswo viel leichter wäre. (26) Das gilt nicht bloß vom äußeren Ort, sondern auch von der Lebenssituation. Wir meinen, die anderen hätten es besser, nur uns würde Gott so Schweres zumuten. Wir vergleichen uns mit den anderen und nähren so in uns die Unzufriedenheit. Wir schimpfen innerlich auf alles, ekeln uns davor und flüchten uns schließlich in den Schlaf. (28) Die negativen Gedanken drükken uns nieder, wir weinen wie ein kleines Kind, das jammert, keiner würde sich um es kümmern, keiner würde es trösten und gern haben, alle seien so hart und herzlos zu ihm. (38 und 55)

Die beiden nächsten Laster sind mehr geistiger Art. Ruhmsucht und Stolz wollen uns eine falsche Sicht unseres Verhältnisses zu den Mitmenschen und zu Gott suggerieren.

In der Ruhmsucht klopft man sich selbst ständig auf die Schulter: »Das hast du gut gemacht. Das müßten die anderen doch sehen. Das kann keiner so gut wie ich.« Evagrius führt einige für geistliche Menschen typische Einreden an: »Ich müßte doch den anderen predigen, das würde Eindruck machen. (1) Du bist berühmt bei den Menschen. Alle kennen dein geistliches Streben.« (6) Die Ruhmsucht zeigt sich auch in den Worten, die wir uns ständig ausdenken, um die anderen zu belehren und ihnen mit unserer Frömmigkeit und Weisheit zu imponieren. (9 und 10) Wir warten auf Menschen, die zu uns kommen und uns als ihre Ratgeber brauchen. (12 und 26) Wir halten uns für etwas Besseres und sondern uns von den anderen ab. (11 und 15) Wir genießen die eigenen Worte und stellen uns vor, wie die anderen von uns beeindruckt sein müßten. (28f.) Die Ruhmsucht spricht zu uns in Sätzen wie: »Siehe, du bist geschätzt, weil ich dir die Gabe der Heilung gegeben habe.« (35) Wir empfehlen uns in Gedanken vor uns selbst, halten uns für würdig, Priester und Lehrer der anderen zu werden (40), wollen uns ständig beweisen, wie gut und einmalig wir sind. Und dabei merken wir gar nicht, wie wir uns selbst etwas vormachen, daß wir krampfhaft unseren Wert erhöhen müssen, weil wir uns selbst noch nicht angenommen haben.

Der Stolz äußert sich in ähnlichen Sätzen: »Denen bin ich allen überlegen, das kann ich besser, die müssen froh sein, daß es mich gibt. Mit denen gebe ich mich gar nicht ab. Da bin ich mir zu gut dafür.« Evagrius nennt noch weitere Einreden: Der Stolze redet sich ein, daß er der Heilige Gottes sei (1), daß er ganz rein und unfähig sei, schlechte Gedanken in sich aufzunehmen. (2) Er setzt die Heiligen herunter, um sich selbst ins rechte Licht zu rücken. (8) Er bläht sich auf und meint, aus eigener Kraft zu solcher Erkenntnis und Erfahrung Gottes gelangt zu sein. (13f.) Oder er lästert Gott, er brauche ihn nicht. (23 und 25) Für Evagrius ist das Spotten über die anderen ein Zeichen des Stolzes (31), ferner das Aufdecken der

Fehler anderer. (38) Der Stolze sagt sich vor: »Siehe, du bist ein vollkommener Mönch geworden« (39), »Siehe, du hast deine Feinde besiegt«(48). Zeichen des Stolzes ist für Evagrius auch das ständige Verurteilen der anderen. Man urteilt innerlich über jeden, den man sieht. Man sagt sich vor: »Das macht er aus egoistischen Motiven. Da sieht man mal wieder, wie selbstsüchtig und verlogen er ist.« (52 bis 54) Sich selbst dagegen hebt man empor, hält sich für vollkommen und über die Fehler der Brüder erhaben. (58f.)

Es sind immer Sätze, die wir uns da vorsagen, mit denen sich die Gedanken in uns formen. Und diese Sätze treiben uns in die Fehlhaltungen der acht Laster. So jedenfalls meint es Evagrius und mit ihm die ganze monastische Tradition. Die Gedanken nennt Evagrius oft Dämonen. Und er stellt es sich so vor, daß die Dämonen uns ganz bestimmte Sätze vorsagen, einreden und uns so in den Lastern festhalten. Die Sätze bewirken Haltungen in uns, und umgekehrt äußern sich unsere Haltungen in Sätzen. Einreden und Haltungen hängen eng miteinander zusammen und bedingen sich gegenseitig. Was zuerst ist, die Einrede oder die Haltung, das zu fragen, ist müßig. Entscheidend ist, wie ich von der Fehlhaltung loskommen kann. Und da setzt für Evagrius der Kampf bei den Sätzen an. Statt der negativen Sätze muß ich mir eben positive vorsagen, damit in mir nicht das Laster, sondern die Tugend wirksam wird. Die negativen Einreden kennzeichnen negative Haltungen und bestärken sie, positive Einreden sind

Zeichen einer gesunden Einstellung zum Leben und verändern unsere Haltung zum Guten hin. Diese Erfahrung der alten Mönche ist heute genauso aktuell wie damals. Denn sie zeigt einen Weg, sich selbst langsam verändern zu können, einen Weg der Übung, der für jeden Menschen guten Willens möglich ist.

III. Positive Einreden

Die am meisten praktizierte Methode, auf die negativen Einreden zu reagieren, war für die Mönche die sogenannte antirrhetische Methode. Sie besteht darin, daß ich, sobald mir ein negativer Satz in den Sinn kommt, sofort einen positiven Satz dagegensetze. Meist ist es ein Satz aus der Heiligen Schrift, den die Mönche in diesem Augenblick als Gegenmittel parat haben. Am ausführlichsten hat Evagrius diese Methode entfaltet. Doch bevor wir auf ihn näher eingehen, soll an einigen Vätersprüchen gezeigt werden, daß das ein allgemein geübter Weg für die Mönche war. So heißt es vom Abba Agathon:

Wenn er etwas sah, und sein Herz über die Sache urteilen wollte, sprach er zu sich: »Agathon, tu das nicht!« Und so kam sein Denken zur Ruhe. (Apo 100)

Agathon hat also einen Raster, mit dem er auf bestimmte Gedanken, die ihm kommen, reagiert. Wir können uns nicht vornehmen, nicht mehr über andere zu urteilen. Der Drang zum Urteilen ist zu groß in uns, als daß wir ihn einfach auslöschen könnten. Sätze wie »Schon wieder der, den kann ich absolut nicht ausstehen, das gibt es doch nicht« und wie sie alle heißen, mit denen wir über

Menschen und Dinge urteilen, sind wie ein Reflex, der in uns automatisch ausgelöst wird, wenn wir bestimmten Menschen begegnen oder bestimmte Dinge sehen. Wir sind machtlos. Verstand und Wille kommen da zu spät. Aber wir können uns einen anderen Reflex, eine andere Reaktion auf bestimmte Menschen und Dinge angewöhnen. Es braucht einige Übung, bis so ein positives Reaktionsmuster einrastet und uns von selbst positive Sätze einredet. Agathon reagiert wie von selbst auf seinen Drang zu urteilen mit dem Wort: »Tu das nicht.« Das ist sein Raster. Es gibt noch andere Möglichkeiten positiver Raster. Man könnte erst einmal ruhig durchatmen und den Drang, gleich ein Urteil parat zu haben, im Atmen loslassen, um dann die Sache klarer und mit der Distanz dieser paar Sekunden sehen zu können. Oder man könnte sich angewöhnen, über jeden, der mich aufregt, ein kurzes Segenswort zu sprechen: »Herr, segne ihn« oder für ihn zu danken: »Danke, Herr, er meint es gut. Danke, daß es ihn gibt.« Solche Reaktionen kann man nicht im Einzelfall mit dem Willen steuern. Man muß sie einüben. Das braucht Zeit und am Anfang auch Energie. Man muß sich immer wieder kontrollieren. Aber sobald es eine gute Gewohnheit geworden ist, mit einem Gebetswort zu reagieren, kostet es keine Kraft mehr. Wir haben einen Reflex bewußt gesteuert und durch einen positiven ersetzt, der uns nun auch von selbst begleitet, wie es zuvor der negative getan hat.

Einer von den Vätern erzählte: »In den Kellia lebte ein arbeitsfreudiger Mönch, der hatte nur eine Matte an. Er ging fort und kam zum Altvater Ammonas. Wie der Alte sah, daß er nur eine Matte anhatte, sagte er zu ihm: »Das nützt dir nichts!« Und der Greis fragte ihn: »Drei Gedanken beschäftigen mich: Soll ich in der Wüste umherwandern – oder soll ich in die Fremde gehen, wo niemand mich kennt – oder soll ich mich in ein Kellion einschließen, mit niemandem zusammentreffen und nur alle zwei Tage essen?« Der Altvater Ammonas antwortete ihm: »Keines von den drei Dingen nützt dir etwas. Viel besser ist es: setz dich in dein Kellion, iß täglich ein wenig und habe allezeit das Wort des Zöllners im Herzen (Lk 18,13) so kannst du das Heil gewinnen.« (Apo 116)

Nicht das Tun, nicht asketische Übungen nützen dem Menschen, sondern das Wort des Zöllners, das er sich in seinem Herzen immer wieder vorsagt. Es bringt ihn in die rechte Haltung vor Gott. Jede asketische Leistung kann ihn innerlich stolz machen und ihn von Gott entfernen. Die positive Einrede bewirkt in ihm die Gesinnung Jesu. Er erfüllt nicht bloß die Gebote Jesu, sondern lebt aus seinem Geist.

Ein gutes Beispiel für die Wirkung positiver Einreden gibt das Apophthegma »Von den Betrachtungen zwölf heiliger Einsiedler«. Zwölf Einsiedler kommen zusammen und erzählen sich von ihren geistlichen Methoden. Manche berichten von bestimmten Übungen, die sie täglich verrichten, die meisten aber haben irgendein Wort, das sie sich immer wieder vorsagen. Dieses Wort ist ihnen die wichtigste Übung. Es führt sie zu Gott. So sagt der zweite Einsiedler:

Seit ich der Welt entsagte, sprach ich zu mir: Heute bist du wiedergeboren, heute hast du angefangen, Gott zu dienen. So sollst du täglich ein Pilger sein und wie einer, der morgen befreit wird. Und dies riet ich mir täglich.

Der Vierte sagte: Ich verhalte mich so, als wäre ich mit dem Herrn und seinen Jüngern auf dem Ölberg. Denn ich sage zu mir: Kenne niemanden mehr dem Fleische nach, sondern sei stets ein Nachahmer ihres himmlischen Wandels, setze dich wie die gute Maria Magdalena zu den Füßen Jesu und lausche auf seine Worte. Werdet Heilige und vollkommen, wie auch euer Vater in den Himmeln ist! (Mt 5,48) Und wiederum: Lernet von mir, denn ich bin sanftmütig und demütig von Herzen! (Mt 11,29)

Der Fünfte sprach: Ich betrachte die Engel, wie sie auf- und niedersteigen, um die Seelen abzuberufen, und habe immer mein Ende vor Augen, indem ich spreche: Bereit ist mein Herz, o Gott, bereit ist mein Herz. (Ps6, 8)

Der Zehnte sagte: Ich beachte den Engel, der dauernd mir zur Seite steht und bewahre mich selbst, indem ich mich an das erinnere, was geschrieben steht: Ich sehe den Herrn allezeit vor meinen Augen, weil er mir zur Rechten ist, daß ich nicht wanke. (Ps 15,8) Ich habe Furcht vor ihm, weil er über meine Wege wacht und täglich zu Gott aufsteigt, um ihm meine Worte und Werke anzuzeigen. (Apo 1012)

Indem die Einsiedler sich Tag für Tag die gleichen Worte vorsagen, arbeiten sie an ihrer inneren Wandlung. Das Wort, das jeder wählt, paßt gerade für ihn. Es ist für ihn der Weg zu Gott. So wäre es also wichtig, das Wort zu entdecken, das für mich den Weg zum Leben erschließt, das mich für Gott aufbricht. Welches Wort für mich stimmt, das kann ich nicht theoretisch ermitteln. Wenn mich ein Wort fasziniert, mich unmittelbar betroffen macht, dann ist das ein Zeichen, daß es mich einige Zeit oder sogar ein Leben lang begleiten sollte, daß es mein Übungswort werden könnte.

Ein anderer Väterspruch zeigt, wie man ein positives Wort konkret einüben sollte:

Wenn du dich vom Schlaf erhebst, so öffne sofort als allererstes deinen Mund zum Lob Gottes und stimme Lieder und Psalmen an. Denn die erste Beschäftigung, mit der sich der Geist morgens abgibt, hält an, so wie ein Mahlstein den ganzen Tag über mahlt, was ihm vorgesetzt wird, sei es nun Weizen oder Unkraut. Daher sei du immer der erste, um Weizen hineinzuwerfen, bevor dein Feind Unkraut hineinwerfen kann.[7]

Die ersten Gedanken, die man beim Aufstehen hat, beeinflussen einen den ganzen Tag. Daher ist es so wichtig, sich anzugewöhnen, mit positiven Gedanken, mit einem Gebet morgens aufzustehen. Es bringt mich gleich in die richtige Verfassung. Wenn ich mich dagegen ärgere, daß ich schon wieder aufstehen muß, wenn ich grantig werde, weil das Wetter schlecht ist oder wenn ich voll Mißmut an die schwierige Besprechung denke, die mich heute erwartet, dann bin ich für den ganzen Tag in einer schlechten Verfassung. Die negativen Gedanken rauben meine Energie, sie lassen mich den Tag mit einer dunklen Brille anschauen.

Der Väterspruch will uns sagen, daß wir die positiven Gedanken mit ganz bestimmten Handlungen unseres Tages verbinden sollten. Wenn wir uns vornehmen, tagsüber öfter an Gott zu denken oder einen Satz aus der Bibel zu meditieren, so hat dieser Vorsatz wenig Aussicht auf Erfolg. Wenn wir einen Bibelspruch oder ein Gebet aber mit einer Tätigkeit verbinden, die wir sowieso verrichten, dann kostet es keine Energie, einen solchen Vorsatz durchzuhalten. Wir binden ihn an die Tätigkeit, die wir ohnehin verrichten werden. Und sobald wir das oder jenes tun, kommt uns der Satz aus der Bibel in den Sinn. Freilich verlangt das einige Übung. Aber bald geht es in Fleisch und Blut über und muß nicht immer wieder neu gewollt werden. Sobald es zur Gewohnheit geworden ist, kostet es keine Energie mehr. Ob wir einen solchen Vorsatz zur Gewohnheit werden lassen können, ist nicht Sache der Willensstärke, sondern der Klugheit. So sagt uns wenigstens die Verhaltenspsychologie, die die Ausrede nicht gelten läßt, wir könnten unser Verhalten nicht ändern, wir könnten Vorsätze nicht durchhalten. Es liegt immer an unserer Klugheit, wie geschickt wir immer wiederkehrende Tätigkeiten und Situationen unseres Alltags mit ganz bestimmten Gebetsworten verbinden.

Vorsätze, die wir uns machen, dienen uns oft als Ausrede, nichts an unserem Leben ändern zu müssen. Wir nehmen uns zwar vor, an uns zu arbeiten, einen Schritt nach vorne zu tun. Doch in Wirklichkeit bleiben wir stehen. Die Vorsätze beruhigen unser Gewissen, aber sie bewirken nichts. Ein Mitbruder meinte, Vorsätze seien das sicherste Mittel, uns daran zu hindern, etwas in unserem Leben in Bewegung zu bringen. Denn der Vorsatz läuft mir immer voraus, er richtet sich auf die Zukunft und bewältigt nicht die Gegenwart. Ich flüchte mich vor der Herausforderung des gegenwärtigen Augenblickes in die Unverbindlichkeit der Zukunft. Statt uns viele Vorsätze zu machen, sollten wir uns ganz einfache Dinge einüben. Und dazu eignen sich eben gerade die positiven Einreden. Die Kunst des geistlichen Lebens besteht darin, die kleinen Dinge des Alltags zu einer Einübung in die Gegenwart Gottes zu machen. Dadurch können wir in uns etwas in Bewegung setzen. Wir sollten uns ehrlich fragen: Wollen wir wirklich etwas ändern in unserem Leben, wollen wir wirklich unser Leben ganz vor Gott und für Gott und mit Gott leben oder wollen wir nicht lieber so weitermachen wie bisher und unsere Vorsätze als Vorwand gebrauchen, stehenzubleiben, wo wir sind? Wenn wir wirklich auf Gott zugehen wollen, dann gibt es auch Wege dazu. Wir müßten ein Programm aufstellen, wie wir uns in kleinen Schritten in den Geist Jesu einüben können, ein bescheidenes Programm, das auch durchführbar ist. Wenn wir nur einen Gang, den wir täglich gehen, zu einer Einübung in die Gegenwart Gottes machen, dann hat sich damit schon etwas Entscheidendes in unserem Leben geändert.

In einem anderen Väterspruch wird geraten, jeden Abend an seinen Tod zu denken und sich zu fragen: »Werde ich wohl morgen wieder aufwachen?« Man soll betend einschlafen. »Denn der Mönch wälzt in der Nacht die gleichen Gedanken, die er tagsüber hat, seien sie nun gut oder böse. Denn wenn man schläft, laufen alle Dinge an einem Punkt zusammen.«[8] Genauso wichtig wie das Morgengebet ist das Abendgebet, das Einschlafen mit positiven Gedanken. Die positiven Gedanken werden im Schlaf weiterwirken. Die Gedanken, mit denen wir einschlafen, entscheiden mit darüber, welche Träume wir haben. Da die Mönche von der Arbeit des Unbewußten während der Nacht wissen, warnen sie davor, mit zornigen Gedanken einzuschlafen. Sie sprechen davon, daß der Zorn die Seele auffressen, zerstören kann, daß er sie durch Alpträume durcheinanderbringt. Auf jeden Fall wird man mit einer negativen Voraussetzung aufwachen, wenn man abends seinen Zorn nicht losgelassen, sondern ihn bewußt mit in den Schlaf genommen hat. Man sollte sich daher einen gesunden Stil angewöhnen, wie man seinen Tag beschließt. Auch da kann ein einfaches Kreuzzeichen genügen, sich schlafend Gott zu übergeben. Noch besser ist ein kurzer Rückblick auf den Tag und die Übergabe des Tages an Gott, etwa mit dem Psalmvers: »In deine Hände lege ich meinen Geist.« (Ps 31)

Abba Diolcos sagt in einem Väterspruch:

Wenn Gedanken ins Herz eines Bruders kommen, kann er sie auf keinen Fall aus seinem Herzen vertreiben, wenn er nicht Worte der Schrift oder der Väter herbeiholt. Wenn der Herr das Haus betritt, verschwinden die Fremden, die darin sind.[9]

Die negativen Einreden verschwinden, wenn ich sie durch positive ersetze. Unser Geist kann nicht gleichzeitig an verschiedene Dinge denken, er kann sich nicht gleichzeitig verschiedene Sätze vorsagen. Wenn er sich positive Sätze vorsagt, hören die negativen auf. Diolcos ist der Überzeugung, daß die Sätze der Schrift unserem Herzen näher sind als die Worte, die wir uns sonst oft vorsagen. Sie entsprechen unserem Herzen, sie sind Worte des Herrn, der das Herz auch geschaffen hat und weiß, was ihm guttut.

Ein Bruder, der vom Gedanken bedrängt wurde, aus seiner Zelle zu gehen, sagte es Abba Antonius. Der Alte erwiderte ihm: »Geh, setz dich in deine Zelle, gib deinen Körper den Mauern deiner Zelle als Pfand. Und geh nicht hinaus. Laß deine Gedanken hingehen, wo sie wollen, nur laß deinen Körper nicht aus der Zelle heraus. Er wird leiden, er wird keine Arbeit verrichten können. Er wird Hunger haben und zur Stunde der Mahlzeit wird er kommen und dich zum Essen drängen. Wenn er dir dann sagt: Iß etwas Brot, sage ihm so gleich: Der Mensch lebt nicht allein vom Brot, sondern von jedem Wort, das aus dem Mund Gottes kommt. (Dt 8,3) Er wird dir sagen: Trink etwas Wein wie der selige Timotheus. (1 Tim 5,23) Antworte ihm: Denk an die Söhne des Aminadab, die das Gebot ihres Vaters beobachteten. (Jer 35,6) Wenn der Schlaf dich übermannt, laß ihn nicht an dich heran, denn es steht im Evangelium geschrieben: Wachet und betet. (Mt 26,41) Und es heißt: Sie versanken im Schlaf und ihnen versagte die Kraft. (Ps 76,6) Nähre deine Seele mit den Worten Gottes, mit Wachen, Beten und vor allem mit dem ständigen Denken an den Namen unseres Herrn Jesus Christus. Darin wirst du Weisung finden, wie du die schlechten Gedanken besiegen kannst.[10]

In diesem Väterspruch wird schön gezeigt, wie der Mönch sich bei jeder Versuchung überwindet. Die Versuchung tritt an ihn durch eine negative Einrede heran. Sie fordert ihn zum Essen oder Trinken auf. Die positive Einrede mit dem Wort Gottes dagegen gibt ihm die Kraft zum Fasten und zur Wachsamkeit. Das In-der-Zelle-Bleiben ist dabei die äußere Voraussetzung, sich dem Kampf der Gedanken zu stellen. Die Gedanken werden nicht verdrängt. Man zwingt sie vielmehr, indem man jede äußere Ablenkung und jeden Fluchtweg aufgibt, sich wirklich zu zeigen. Man hält das Nichtstun, die Stille aus, um in sich erst einmal die Gedanken zu erkennen, die einen bestimmen. Häufig leben wir aus Gedanken und Maximen, ohne es zu wissen. Unsere Einreden laufen in unserem Kopf oder im Herzen ab, ohne daß wir es merken. Im Schweigen entdecken wir diese Einreden und konfrontieren uns damit. Wir kommen den Gedanken auf die Spur, die uns bestimmen, wenn wir unbeschäftigt sind. Als Heilmittel gegen diese Gedanken und Einreden sollten wir, so sagt dieser Väterspruch, Worte der Schrift dagegensetzen und damit die Versuchungen überwinden.

Was in diesem Väterspruch beschrieben wird, wurde von Evagrius in seinem Antirrhetikon entfaltet. Evagrius hat für jede Versuchung das geeignete Wort aus der Schrift bereit. Dabei zitiert er vor allem Psalmverse und Worte aus dem Buch der Sprüche. Es würde zu weit führen, die vielen Schriftstellen des Antirrhetikon hier aufzuzählen. Entscheidend ist die Methode. Jeder von uns sollte die Heilige Schrift nach solchen Heilungsworten durchsuchen. Eine Methode, das richtige Heilungswort für sich zu entdecken, besteht darin, sich erst einmal die eigenen negativen Einreden aufzuschreiben. Was sind denn die wichtigsten Worte, die ich mir immer wieder einrede, mit denen ich unwillkürlich auf bestimmte Situationen reagiere? Auf dem Hintergrund dieser Worte könnte ich dann das richtige Gegenwort aus der Schrift finden. Dabei wäre es wichtig, sich auf wenige Worte zu beschränken und sie gleichsam als Leitmotiv über sein Leben zu schreiben. Dazu eignen sich besonders gut Psalmverse oder einprägsame Sprichwörter.

Wir haben ja gesehen, daß viele Menschen unbewußt schon solche Sprichwörter als positive Einreden verwenden. Dazu sind die Sprichwörter ja wohl auch von ihrer Entstehung her gedacht gewesen: Wörter, die man immer wieder spricht, die man sich vorsagt, mit denen man die Wirklichkeit deutet, versteht und positiv bewältigt. Proverbia heißen sie im Lateinischen, also Vorworte zum Handeln, Einreden, die der »Lebensbemächtigung«[11] dienen. Im Sprichwort verdichten sich die Erfahrungen vieler Generationen. Die Wahrheit, die sich in ihm ausdrückt, läßt sich nicht ohne die prägnante und oft genug paradoxe Formulierung haben. Gerhard von Rad erinnert daran, »welche eminente Bedeutung bei diesen eingebrachten Wahrheiten dem bannenden Wort zukommt: Erst durch ihre Formulierung wird die Wahrheit fixiert und bekommt die Wahrheit ihre Sanktion.«[12] Daher eignen sich gerade die Sprichwörter als positive Einreden. In ihnen sagt man sich Erfahrungen vor, die einem helfen, durch die Wirrnis des Lebens hindurchzufinden. Die im Sprichwort so prägnant formulierten Worte bringen Ordnung in das Durcheinander der eignen Erfahrungen. Sie sind »wie ausgelegte Seezeichen, an denen man sich orientieren kann«.[13] Herder sagt von den Sprichwörtern, daß man nicht aus ihnen, sondern mit ihnen lernen sollte. Indem man es sich vorsagt, lernt man, das Leben zu bewältigen.

Bei unserer Suche nach Heilungsworten in der Schrift kommt es daher darauf an, möglichst prägnante Sätze zu finden, die sich leicht einprägen und sich zum Vorsagen eignen. Wenn man die Worte Jesu daraufhin untersucht, so entdeckt man, daß viele von ihnen diese »bannende Macht« eines

Sprichwortes besitzen. Evagrius verwendet in seinem Antirrhetikon am liebsten solche Worte Jesu, die sich wie Sprichwörter unmittelbar einprägen: »Niemand kann zwei Herren dienen.« (Mt 6,24, Habgier 42) »Alles, was ihr wollt, daß euch die Menschen tun, sollt auch ihr ihnen tun.« (Mt 7,12, Habgier 43) »Laß die Toten ihre Toten begraben.« (Mt 8,22, acedia 43) »Wer sich selbst erhöht, wird erniedrigt.« (Lk 14,11, Stolz 52) Nicht umsonst sind viele Jesusworte im Volksmund sprichwörtlich geworden. Sie haben sich als Worte erwiesen, mit denen man lernen und leben kann und sich als Erfahrungsweisheit eingeprägt

Wenn wir die Regel des hl. Benedikt durchlesen, so werden wir auf die positiven Einreden in allen Kapiteln stoßen, in denen er die Mönche in eine bestimmte Haltung einführen will. Für ihn sind die Worte der Schrift das geeigneteste Mittel, sich in die Haltung Jesu einzuüben. Wenn der Abt sich nur die beiden Jesusworte vorsagt: »Der du den Splitter im Auge des Bruders siehst, hast den Balken in deinem eigenen nicht gesehen« (Mt 7,3) und »Suchet zuerst das Reich Gottes und seine Gerechtigkeit und alles andere wird euch hinzugegeben« (Mt 6,33), dann wird er ein guter Abt werden, ein Abt, der aus der Gesinnung Jesu lebt. Die Jesusworte als Einreden sind wichtiger für die Einübung der rechten Haltung als die theoretische Darlegung, was ein Abt alles in sich verwirklichen müßte. Ähnlich gibt Benedikt für seinen geistlichen Stufenweg der Demut Schriftworte an, die einen jeweils in die Erfahrungen einführen, die den

Demutsstufen entsprechen. Dabei zeigt sich, daß auch Benedikt die drei Arten von Schriftworten am häufigsten verwendet, die wir bei Evagrius festgestellt haben: Psalmverse, Worte aus dem Buch der Sprüche und Jesusworte.

In die erste Stufe der Demut, in das Gespür für die Gegenwart Gottes übt man sich ein, wenn man sich die beiden Psalmverse vorsagt: »Gott erforscht Herz und Nieren« (Ps 7,10) und »Meine Gedanken durchschaust du von ferne« (Ps 139,11). Die zweite Stufe, die Aufgabe des eigenen Willens, geht einem auf durch die Einrede »Ich bin nicht gekommen, meinen Willen zu tun, sondern den Willen dessen, der mich gesandt hat.« (Joh 6,38) Und so geht es weiter. Jede weitere Stufe der Demut, jede tiefere Erfahrung seiner selbst vor Gott wird durch das Vorsagen eines Schriftwortes eingeübt, bis man schließlich zur zwölften Stufe gelangt. Hier genügt das Wort des Zöllners: »Herr, ich bin nicht wert, die Augen zum Himmel zu erheben« (Lk 18,13), um zu der Haltung zu kommen, die der Gesinnung Christi am meisten entspricht. Auf dieser Stufe der Demut erfährt man sein Leben als reines Geschenk, als Gnade. Die Furcht weicht und man spürt in sich eine Liebe, die das Herz weitet, eine Freiheit von allem Druck, Gott etwas vorweisen zu müssen, die Freiheit, vor Gott sein zu dürfen so wie man ist.

Benedikt versteht die Schriftworte als Einreden wohl in dem Sinn, daß man sie sich immer wieder vorsagt, daß man schon morgens mit einem Vers beginnt und ihn tagsüber oft wiederholt. Ein solches Wort wird dann zum Grundwort, mit dem man umgeht, aus dem man lebt. Man übt es zu den Zeiten der Meditation, morgens und abends, wenn man unbeschäftigt ist. Man verbindet dieses Wort mit ganz gewöhnlichen Tätigkeiten. Man sagt es sich etwa vor, wenn man auf dem Weg zur Arbeit ist oder von der Arbeit kommt, wenn man das Haus betritt, wenn die Glocken in der benachbarten Kirche läuten oder beim Stundenschlag, wie das in unserem Kloster üblich ist. Diese Zeiten bzw. Augenblicke, die immer wiederkehren, plant man bewußt. Man verbindet sie automatisch mit einem Wort, so daß man die Gewähr hat, das Wort trifft mich wenigstens einige Male am Tage. Diese bewußte Einübung führt dann dazu, daß man auf gewisse Situationen des Alltags mit der positiven Einrede reagiert. Die negativen Einreden trägt man normalerweise auch nicht den ganzen Tag mit sich. Sie kommen in einem nur hoch, wenn man in bestimmte Situationen gerät, wenn man einen Fehler macht, wenn man eine schwere Arbeit anfängt, wenn man geärgert wird. Hat man die positiven Einreden geübt, wird man mit ihnen auf alles reagieren, was einem begegnet. Dann werde ich mir bei einem Versagen nicht gleich Vorwürfe machen oder mir vorsagen: »Ich bin ein Versager«, sondern vielleicht kommt mir dann der Vers: »Wirf deine Sorgen auf den Herrn, er hält dich aufrecht« oder »Gut ist es, daß du mich gebeugt hast, damit ich deine Gesetze lerne«. Mitten in den unvorhergesehenen Situationen zeigt sich, was ich eingeübt habe. Der eine schrickt vor einer komplizierten Arbeit zurück, indem er sich seine Masche vorsagt: »Das kann ich nicht«, der andere reagiert instinktiv mit seinem Sprichwort »Wie's kommt, wird's g'fressen« oder eben mit einem Gebetswort: »Herr, du kannst alles, hilf mir« oder mit dem Psalmvers: »Mit dir erstürme ich Wälle, mit meinem Gott überspringe ich Mauern.« Die positive Einrede prägt meine Reaktionen auf die Ereignisse des Alltags. Keiner kann seinen Alltag durchplanen. Wir können unser Leben nicht vollkommen in den Griff bekommen. Unsere Mitmenschen stellen uns immer wieder vor unvorhergesehene Situationen. Dafür haben wir kein Programm. Doch wenn uns in diesem Augenblick die positive Einrede in den Sinn kommt, geraten wir eben nicht in Panik oder bekomme einen Wutanfall, sondern wir haben einen Raster, der uns hilft, das völlig Unerwartete doch richtig anzugehen und damit fertig zu werden.

Für die Einübung der positiven Einreden haben die Mönche die Meditationsmethode der ruminatio entwickelt.[14] Wie die Kuh ihre Nahrung, so soll der Mönch das Wort Gottes wiederkäuen. Er soll es immer wiederholen, damit es dann im rechten Augenblick von allein hochkommt. So wie das Wiederkäuen der Kuh guttut, so soll es auch den Mönch mit Wohlbefinden und Zufriedenheit erfüllen. Neben der wiederkäuenden Kuh dient den Mönchen als Vorbild für diese Meditationsmethode auch das Kauen eines Kaugummis, der einen Wohlgeschmack im Mund verbreitet:

Abba Poimen sagte: Ich saß einmal mit Brüdern bei Abba Makarius. Und ich fragte ihn: Mein Vater, was kann der Mönch tun, um das Leben zu erlangen? Der Alte antwortete: in meiner Kindheit, als ich bei meinem Vater war, nahm ich wahr, daß die alten Frauen und jungen Mädchen etwas im Mund hatten, eine Art Gummi, den sie kauten, um ihren Speichel süß zu machen und den schlechten Geruch aus ihrem Mund zu vertreiben, um ihre Leber und alle Eingeweide zu durchwirken und zu erfrischen. Wenn so ein materielles Ding eine solche Süße für die bringt, die es kauen, wieviel mehr läßt die Nahrung des Lebens, der Brunnen des Heils, die Quelle des lebendigen Wassers, die Süße aller Süßigkeit, unser Herr Jesus Christus, sein erhabener und gesegneter Name, die Dämonen verschwinden, wenn wir ihn in unserem Munde spüren. Wenn wir diesen Namen wiederkäuen und beständig kauen, erleuchtet der Führer von Seele und Leib unsern Verstand, vertreibt alle schlechten Gedanken aus der unsterblichen Seele und offenbart ihr himmlische Dinge. Und vor allem den, der im Himmel ist, unsern Herrn Jesus Christus, den König der Könige, den Herrn der Herren (Apg 17,14), die himmlische Vergeltung für alle, die ihn aus ganzem Herzen suchen.[15]

In diesem Väterspruch wird das Jesusgebet, das ständige Wiederholen des Namens Jesu, als die positive Einrede empfohlen, die den Menschen mit der Zeit verwandelt, die seine Gefühle positiv verändert, ihn mit innerer Freude erfüllt und somit die Grundstimmung erhellt. Diese einfache Technik des Wiederkäuens hilft nicht nur, die Alltagssituation aus einer positiven Grundhaltung heraus anzugehen und zu bewältigen, sondern sie führt bis hin zur Erleuchtung, bis in tiefe Gotteserfahrungen. Der Weg der positiven Einreden wird für die Mönche zum mystischen Weg, der sie im Herzen an Gott bindet und mit ihm vereint. Makarius und mit ihm viele Mönchsväter meinen jedoch, daß man nicht ständig neue Einreden üben, sondern sich auf eine einzige beschränken sollte.

Das Wort, das man als sein Leit- oder Übungswort gewählt hat, kann einem immer wieder Halt geben, Geborgenheit schenken. Ich kann immer wieder auf das Wort zurückkommen, wenn ich unbeschäftigt bin, wenn ich auf irgendetwas warten muß. Ich kann dieses Wort auch beten, wenn ich innerlich leer bin, gar nicht aufgelegt zu einem intensiven Gespräch mit Gott, wenn ich meine Gedanken nicht ordnen kann und mit mir nicht zurechtkomme. Ich darf mich einfach dem Wort überlassen, ohne mich anzustrengen, ohne mich zu zwingen, andächtig zu sein. Ich lasse mich in das Wort hineinfallen. Es ist mein Wort, ein Wort, in dem ich wohne, in dem ich daheim bin. Es gehört zu mir, ich spüre, wie ich durch das Wort mit mir selbst in Kontakt komme. Es ist ein Stück von mir geworden. Und ich spüre meine eigene Identität, wenn ich immer wieder auf dieses Wort zurückkomme. Und ich spüre die Gegenwart Gottes, den ich in meinem Wort nenne. Gott wird anwesend in dem Wort, das ich mit mir trage, und seine Anwesenheit wirkt das, was im Wort von ihm gesagt wird. Das Wort ist kein Zaubermittel, durch das ich alles lösen kann, aber es ruft in mir etwas wach, es macht mich selbst wach und stellt mich in die Gegenwart Gottes.

IV. Einreden in der Psychologie

Die Tiefenpsychologen Freudscher und Jungscher Prägung haben sich wenig um die Einreden gekümmert, die uns Tag für Tag begleiten. Für sie waren andere Zugänge zum Unbewußten wichtiger: Träume, Assoziationen, Fehlhandlungen, Analyse der Kindheitserinnerungen. Jung hält nicht viel von Worten und Sätzen, für ihn bestimmen Bilder und Archetypen das Unbewußte und beeinflussen von daher die innere Haltung und das äußere Verhalten eines Menschen.

Mehr Verständnis als Freud und Jung zeigt die Verhaltenspsychologie für die Bedeutung der Einreden. Sie untersucht die Faktoren, die unser Verhalten beeinflussen. Es sind nicht bloß äußere Faktoren, die unser Verhalten bestimmen, wir können auch selbst unser Verhalten beeinflussen. Die Verhaltenspsychologie spricht hier von der Selbstregulierung oder von der Selbst-Management-Technik.[16] Der Mensch reagiert nicht bloß auf stimuli von außen, sondern er kann sich selbst stimuli setzen, die ihn dann unabhängiger von seiner unmittelbaren Umgebung machen, so daß sein Verhalten nicht mehr aus den äußeren Umwelteinflüssen prognostiziert werden kann. Solche selbsterzeugten stimuli sind auch die positiven

Einreden, durch die man sich selbst in die gewünschte Richtung steuern kann. Ich ändere mein Verhalten, indem ich mir immer wieder einen inneren stimulus setze, mir ein Wort vorsage, einen Befehl gebe, mir etwas einrede.

In diesem Zusammenhang müßte man die Wirkung der Sprache auf den Menschen eingehender untersuchen. Wolf Schneider spricht von der Magie der Sprache:

Vermutlich wäre die Sprache nicht entstanden, hätten unsere Ahnen nicht geglaubt, daß den Wörtern magische Kräfte innewohnen; und auch heute würde die Mehrzahl aller Wörter auf Erden nicht gesprochen, wenn nicht die Mehrzahl aller Menschen diesen Ahnenglauben teilte. Daß die Sprache primär den Zweck oder die Eignung habe, zu informieren, ist eine Unterstellung von Laien, Informationstheoretikern und Journalisten, die keiner Prüfung standhält. Nein: das Wort kommt von den Göttern, dringt zu den Göttern gängelt die Götter, beschwichtigt die Dämonen, prägt die Menschen und verzaubert die Sachen – so sehen es alle, die Gebete sprechen, und jeder, der nur einmal »unberufen!« oder »Hals- und Beinbruch« murmelte, sieht es im Grund auch.[17]

Eine Bedingung, daß das Wort seine magische Gewalt ausüben kann, ist die ständige Wiederholung der immer gleichen Worte. Die magische Wirkung wird noch verstärkt durch Rhythmus und Reim der Worte. »Verse, darin scheint sich die Menschheit einig, können Götter gängeln, Verse lassen auf Götterstimmen schließen.«[18] Von daher ist die Entstehung und Wirkung der Sprichwörter erklärlich. Die Sprichwörter sind von jeher als Einreden gedacht, durch die man sich die nötige Kraft holt, um den Anforderungen des Lebens gewachsen zu sein. Ein Sprichwort macht uns die Welt in ihrem oft undurchschaubaren Durcheinander verstehbar. Es zeigt uns eine Gesetzmäßigkeit mitten im Chaos. Es gibt uns somit Halt, verhindert, daß uns unvorhersehbare Dinge aus der Fassung bringen. Es erweckt in uns eine positive Einstellung den Anforderungen gegenüber, stellt in uns die nötige Energie (libido) bereit, um Schwierigkeiten zu bewältigen.

Häufig übergeben sterbende Väter und Mütter ihren Kindern ein Sprichwort wie ein Vermächtnis. In diesem Wort ist ihre ganze Lebensphilosophie zusammengefaßt und sie übergeben es, damit auch die Kinder mit der gleichen Einstellung an das Leben herangehen und in ihm die Kraft finden, es zu meistern. In so einem Wort liegt eine Macht, die das Negative, dem jeder ausgesetzt ist, zu bannen vermag. Das Sprichwort ist weit mehr als Information, es hat etwas von der magischen Kraft des Wortes. Es ist »eine ganz elementare Form der Lebensbemächtigung«[19], eine »stets bereite Waffe im Lebenskampfe«[20].

Die positive Wirkung von festen Formeln, die man sich vorsagt, hat sich das Autogene Training zunutze gemacht. Es verwendet sogenannte Vertrauenssätze wie: ich gehe ganz ruhig in die Prüfung, ich werde den Hang ganz locker herunterfahren usw. Nachdem man erst einmal den Körper durch Autosuggestion entspannt hat, soll man sich solche Sätze vorsagen, damit die körperliche Entspannung nicht nur momentan den Geist erfaßt, sondern sich auch bis in die Lebensäußerungen hinein auswirkt. Diese Technik des Autogenen Trainings benutzen inzwischen viele Leistungssportler, die sich vor dem Wettkampf entspannen und die innere Ruhe und Gelassenheit auch im Wettkampf durchhalten wollen als Voraussetzung für eine gute Leistung. Jede Verkrampfung, die unbedingt den Sieg will, verhindert diesen gerade, da man in der Verkrampfung unnötige Energien bindet. Mit dem Vertrauenssatz kann man in sich Vertrauen bewirken. Durch das Einreden in entspanntem Zustand kann man dasjenige in sich einbilden, was man sich einredet. Und diese Einbildung zeigt Wirkungen, die nachprüfbar sind.

Eine entscheidende Bedeutung kommt solchen inneren Sätzen, den Einreden, in einer modernen psychologischen Richtung zu, in der sogenannten Transaktionsanalyse, Ende der fünfziger Jahre von Eric Berne in den USA entwickelt. Die wichtigsten Gedanken dieser psychologischen Schule sollen kurz dargestellt werden als Hintergrund für die Erfahrungen der Mönche mit den Einreden.[21]

Die Transaktionsanalyse (TA) unterscheidet drei Ich-Zustände, die sich jeweils in entsprechenden Verhaltensweisen äußern:

Das Eltern-Ich (EL). Wir haben die Gedanken der Eltern, ihre Befehle und Verhaltensweisen gleichsam »wie auf einem Tonband in unserem Gehirn gespeichert« (13) und denken und fühlen in unserem EL so wie die Eltern. Dabei gibt es ein nährendes (ermunterndes, lobendes, bestätigendes) und ein kritisches oder kontrollierendes EL.

Das Erwachsenen-Ich (ER). In diesem Zustand beobachten wir objektiv unsere Umgebung, beurteilen die Lage und fällen nüchtern und sachlich unsere Entscheidungen.

Das Kind-Ich (K) ist das aus der Kindheit beibehaltene Verhaltensmuster. In ihm finden wir unsere Wünsche, Bedürfnisse und Gefühle. Das Kind-Ich wird unterteilt in das angepaßte und das freie, natürliche, das spontan handelt wie ein Kind.

Die Transaktion beinhaltet alle Formen zwischenmenschlicher Beziehungen. Unsere Beziehungen sind in Ordnung, wenn wir den jeweils für eine bestimmte Situation sinnvollsten Ich-Zustand einsetzen. Sie sind gestört, wenn wir mit einem unangemessenen Ich-Zustand agieren oder reagieren. Ob ich angemessen reagieren kann, hängt von meiner Grundhaltung ab. Die TA unterscheidet zwischen vier Grundhaltungen, die sie alle in Sätzen ausdrückt. Diese Sätze sind den einzelnen meist nicht bewußt, aber sie sind das Grundmuster ihres Denkens und Fühlens:

Ich bin o. k. – du bist o.k. (gesunde Haltung). Ich bin nicht o.k. – du bist o.k. (depressive Haltung). Ich bin o.k. – du bist nicht o.k. (beziehungsgestörte, paranoide Grundhaltung). Ich bin nicht o.k. – du bist nicht o.k. (katastrophale Grundhaltung).

Aus welcher Grundhaltung wir leben, aus welchem Blickwinkel wir unsere Mitmenschen und uns selbst betrachten und einschätzen, das hängt weitgehend vom sogenannten Lebensmanuskript ab, das durch die Eltern bzw. deren Vertreter geprägt und gefestigt wurde. Das Lebensmanuskript wird durch die Botschaften geschrieben, die die Eltern durch ihr Reden, Denken, ihre Blicke und Handlungen dem Kind geben. Dabei wirken sich besonders verhängnisvoll die sogenannten Einschärfungen aus. Jedes Kind braucht positive Zuwendung, braucht die Erlaubnis, sein zu dürfen, es selbst zu sein, seinem Alter entsprechend zu leben, sich an andere anzuschmiegen, zu fühlen, zu denken, Erfolg zu haben und gesund sein zu dürfen. In den Einschärfungen werden diese für unsere Gesundheit so notwendigen Erlaubnisse vorenthalten. Ob ausgesprochen oder nicht, solche Einschärfungen prägen sich dem Kind in bestimmten Sätzen ein, wie:

Sei nicht (Ich wünschte, du wärest nie geboren, wie gut hätte ich es, wenn du nicht wärst). Sei nicht du (z.B. ein Mädchen hätte ein Bub sein sollen). Sei kein Kind. Komm mir nicht zu nahe. Fühle nicht. Denke nicht. Schaff es nicht. Sei nicht gesund (du bist verrückt, bei dir stimmt etwas nicht).

Die Einschärfungen schreiben das Lebensskript eines Kindes und beherrschen sein Leben. Alle seine Reaktionen, seine Selbsteinschätzung, seine Gefühle und Gedanken werden von solchen Skriptsätzen geprägt. Was man auch tut, es taucht einem unbewußt dieser Satz auf: »Ich schaff es nicht« oder »Sei nicht du« oder aber als Ich-Satz

»Ich bin ein Versager, ich tauge nichts, ich muß mich anpassen, was denken die Leute von mir«. Die TA unterscheidet verschiedene Skripts, die Grundhaltungen eines Menschen angeben. Und jedes Skript äußert sich in bestimmten Sätzen, die man sich immer wieder vorsagt, ob bewußt oder unbewußt, das ist nicht entscheidend. Da gibt es das Niemals-Skript: »Das schaff ich nie. Das werde ich nie kapieren. Ich werde nie den rechten Partner für mich finden.« Das Immer-Skript bedeutet, daß ich immer wieder reinfalle, immer wieder an die gleichen gerate. Das Bevor-Skript und das Danach-Skript äußern sich in Sätzen wie: »Du darfst nicht an dein Vergnügen denken, bevor du nicht für deine Mutter gesorgt hast. Das dicke Ende kommt nach. Wenn du erst verheiratet, im Beruf, in der Lehre bist ...« Diese Skriptsätze sind wie Leitsätze, die über unserem Leben stehen und uns immer wieder zu gleichen Verhaltensmustern treiben. So gibt es charakteristische Leitsätze, die einen bestimmten Typ kennzeichnen. Ich bin der Größte (Napoleon, Hitler). Ich mag keine Komplikationen (Papageno). Ich will mein Recht (Michael Kohlhaas). Ich bin überflüssig (der kleine Herr Friedemann). Ich schaff es nicht (K. in Kafkas Schloß). Und es gibt die sogenannten Kollektivskripts, Familienskripts: Wir tun so etwas nicht. In unserer Familie gibt es das nicht, da trägt man das und das. (86f.)

Die Frage ist nun, wie ich mein Lebensskript ändern kann. Der erste Schritt ist die sogenannte Skriptanalyse. Ich soll erforschen, wie mein

Lebensskript entstanden ist und welche Sätze für mich charakteristisch sind. Dabei werde ich nicht nur auf die oben genannten Skriptsätze stoßen, sondern auch auf die sogenannten Antreiber. Wenn die Eltern merken, daß sich im Kind durch ihre negativen Einschärfungen Entwicklungsstörungen zeigen, so versuchen sie, diese durch Gegeneinschärfungen zu stoppen oder zu beseitigen. Diese Gegeneinschärfungen nennt die TA Antreiber. Fünf Worte sind es, mit denen die Eltern dem Kind normale Verhaltensweisen aufzwingen wollen: »Sei perfekt – beeil dich – streng dich an – mach es mir recht – sei stark.« (102) All diese Antreiber kommen aus der Grundhaltung des »ich bin nicht o.k.«. Bei seiner Skriptanalyse wird man häufig auf ein weiteres Element dieser Ich-Haltung stoßen: auf das rachsüchtige Kind-Ich, das sich in Sätzen äußert wie: »Ich werde es euch schon zeigen ... ihr werdet schon sehen, wohin ihr ohne mich kommt.« (104)

Die Analyse des Lebensskripts ist nur der erste Schritt. Indem ich meine Einschärfungen und Antreiber durchschaue, bekomme ich bereits eine gewisse Distanz zu ihnen. Aber sie werden durch die Erkenntnis allein nicht verschwinden. Ich muß positive Sätze dagegensetzen, sie in mich hineinnehmen, damit sie mein Verhalten bestimmen. Die TA drückt das so aus: die Antreiber des kontrollierenden EL soll man durch Erlauber des natürlichen EL ersetzen. Statt »Sei perfekt« soll man sich vorsagen: »Du darfst auch Fehler machen. Du darfst auch schwach sein. Du brauchst nicht immer Eindruck zu machen.« Der Beeil-dich-Antreiber wird ersetzt durch den Erlauber: »Du hast Zeit, das zu tun, was du tun möchtest. Eile mit Weile.«

Durch die Erlauber, also durch Sätze, die mir mein Leben gönnen, die das Positive in mir wachrufen und verstärken, kann ich die Antreiber entmachten und mich so dem Teufelskreis entziehen, in den sie mich gezwungen haben. Diese Sätze machen den Menschen gesund. Sie befreien ihn von seiner Nicht-o.k.-Haltung, geben ihm ein positives Grundgefühl, so daß er es nicht mehr nötig hat, die anderen durch Gefühlsmaschen wie Verwirrung, Depression und Ohnmacht zu einer Zuwendung zu zwingen und durch allerlei Ränkespiele die zwischenmenschlichen Beziehungen durcheinanderzubringen. Weil er sich nun selbst für o.k. hält, kann er auch die anderen für o.k. halten. Der Weg zu dieser positiven Lebenseinstellung geht für die TA über die Einübung positiver Botschaften, die man sich anstelle der negativen Einschärfungen ständig vorsagt. Es ist ein Weg der Übung, ein Weg, auf dem man sein nährendes EL stärkt und dadurch das kontrollierende EL in sich schwächt. So können die eigentlichen Wünsche und Bedürfnisse des natürlichen Kind-Ichs zugelassen und mit Hilfe des ER vor Enttäuschungen bewahrt werden. (114)

V. *Methoden für den Umgang mit den Gedanken*

Eine positive Einrede der negativen entgegenzustellen, das ist bei den alten Mönchen die beliebteste Methode, mit den Gedanken umzugehen, die einen bedrängen. Daneben zeigen die monastischen Autoren aber auch noch andere Wege auf. Ein paar Beispiele aus den Vätersprüchen sollen die verschiedenen Methoden illustrieren:

Altvater Poimen erzählte über den Altvater Isidor: Seine Gedanken sagten zu ihm: »Du bist ein großer Mensch!« Und er sprach zu sich: »Bin ich etwa von der Art des Antonios? Oder bin ich vollkommen geworden wie Abba Pambo? Oder wie die übrigen Väter, die das Wohlgefallen Gottes hatten?« Sooft er sich das vorführte, hatte er Ruhe. Wenn aber die Feindschaft (der Dämonen) ihn mit Kleinmut erfüllen wollte, daß er nach all dem doch in die Strafe eingehen werde, sagte er zu ihnen: »Auch wenn ich in die Strafe geworfen werde, werde ich euch doch noch unter mir finden.« (Apo 362)

Hier beginnt Isidor einen Dialog mit den Gedanken. Er vertreibt sie nicht durch positive Einreden, sondern er spricht mit ihnen, fragt sie, was sie meinen und führt sie mit seinen Fragen ad absurdum. Den negativen Gedanken, daß er in die Hölle komme, schiebt er nicht einfach weg, sondern gibt ihn zu, nimmt ihm aber die Spitze. Selbst wenn der Gedanke stimmt, ist er nicht bedrohlich. Vielen Menschen kommen immer wieder Zweifel, Zweifel an ihrer Entscheidung, Zweifel an ihrem Ehepartner, Zweifel an ihrem Beruf. Oft nützt es nichts, die Zweifel zu unterdrücken oder sie sich zu verbieten. Sie werden immer wieder kommen und uns in Angst und Unsicherheit treiben. Wenn wir den Zweifel zugeben, sagen: ja, das stimmt, das trifft alles zu, aber ... aber trotzdem stehe ich zu der Entscheidung, trotzdem bleibe ich bei meinem Partner, dann nehmen wir den Zweifeln ihre Kraft und sie bedrängen uns nicht mehr. Wir stehen nicht mehr unter dem Druck, die Zweifel mit Argumenten entkräften zu müssen. Wir lassen sie zu und können so gelassen mit ihnen umgehen.

Ähnlich ist die Methode, von der Amma Theodora erzählt. Sie meint, die Dämonen würden uns oft Gedanken einreden, daß wir doch kränklich seien und keine Kraft hätten, daß wir deshalb auch nicht in den Gottesdienst gehen könnten. Und dann zeigt sie am Beispiel eines Mönches, wie man auf solche Einreden reagieren soll:

Da war ein Mönch, den erfaßten, als er in den Gottesdienst gehen wollte, Frösteln und Fieberschauer, und im Kopf spürte er eine Spannung. Da sprach er zu sich: Siehe, ich bin krank, und es kann sein, daß ich sterbe. Ich will mich aufraffen, ehe ich sterbe, und in die Versammlung gehen.

Mit diesem Gedanken bezwang er sich selbst und besuchte den Gottesdienst. Als dieser zu Ende war, hörte auch das Fieber auf. Wieder einmal hielt er diesem Gedanken stand und kam in die Versammlung und überwand den Gedanken. (Apo 311)

Der Mönch gibt also den Gedanken nach, die ihm einreden, daß er krank sei. Er bestätigt sie. Aber gerade weil das stimmt, was die Gedanken ihm sagen, muß er in den Gottesdienst gehen. Oft führt ein direktes Kämpfen gegen einen Gedanken, der immer wieder in uns auftaucht, nicht zum Erfolg. Je mehr wir uns den Gedanken verbieten, desto öfter wird er in uns auftauchen und desto intensiver wird er uns bedrängen. Wenn wir uns auf den Gedanken einlassen und ihn zugeben, dann können wir ihn umlenken und so überwinden.

Ein Mitbruder erzählte mir von einem jungen Mann, der genau beschreiben konnte, was in ihm psychisch nicht stimmte, was da in ihm gerade ablief. Aber das Beschreiben seiner Krankheit nützte ihm nichts. Durch Gespräche mit dem Mitbruder kam er schließlich auf einen Trick. Wenn er sich dabei ertappte, seine neurotischen Zwangsvorstellungen zu analysieren, sagte er sich: »Ja, mein Lehrer in mir sagt jetzt, daß ich nicht lernen kann, daß ich mich hinlegen muß, daß ich zu schwach bin, mit meinen Problemen zurechtzukommen, aber ich sage: ich lerne trotzdem, ich spiele jetzt trotzdem Fußball.« Sein eigenes Ich reagierte nun auf die negativen Einreden seines Lehrer-Ichs. Er ließ sich nicht mehr beherrschen von den klugen Gedanken, die da in ihm abliefen. Er gab sie zu. Ja, das ist so. Er wollte sie nicht wegbeweisen, aber er setzte seine eigene Reaktion dagegen. Und diese Reaktion war seine persönliche Entscheidung, mit der er die Herrschaft der negativen Gedanken überwand.

Wir können die negativen Gedanken in uns nicht einfach vertreiben. Das ist auch nicht nötig. Wir sollen aktiv auf sie reagieren. Wir sollen sie nicht unterdrücken, sondern mit ihnen umgehen, mit ihnen kämpfen. Daß sie immer wieder kommen, ist nicht schlimm. Wir können sie nicht daran hindern. Das schildert Poimen anschaulich:

Ein Bruder kam zum Altvater Poimen und sagte: »Vater, ich habe vielerlei Gedanken und komme durch sie in Gefahr.« Der Altvater führte ihn ins Freie und sagte zu ihm: »Breite dein Obergewand aus und halte die Winde auf!« Er antwortete »Das kann ich nicht!« Da sagte der Greis zu ihm: »Wenn du das nicht kannst, dann kannst du auch deine Gedanken nicht hindern, zu dir zu kommen. Aber es ist deine Aufgabe, ihnen zu widerstehen.« (Apo 602)

Wir sollen uns über keinen Gedanken wundern, der in uns auftaucht, auch wenn er noch so gemein und unfair, noch so egoistisch und brutal ist. Wir sollen keine Angst bekommen, wenn wir in uns Haß und Neid, Eifersucht und Groll entdecken oder wenn wir merken, daß wir einem anderen den Tod wünschen. Wir sollen uns dann keine Vorwürfe machen, daß wir doch so nicht denken dürfen, daß wir von Grund auf schlecht sind, weil wir solche Gedanken in uns haben. Wir sollten vor keinem Gedanken in uns erschrecken. Denn das nützt uns nichts und treibt uns nur in Angst und unfruchtbare Selbstvorwürfe.

Die richtige Reaktion ist vielmehr, sich einzugestehen, ja der und der Gedanke ist in mir, ich wünsche ihm den Tod, ich spüre in mir Haßgefühle, Mordgedanken, Eifersucht, die Lust, den anderen fertigzumachen. Ich lasse den Gedanken in mir zu, aber ich agiere ihn nicht aus. Ich kämpfe mit ihm, indem ich nach der Wurzel frage: Woher kommt dieser Gedanke, was sagt er über mich aus, welche positive Kraft steckt in ihm, welche Sehnsucht drückt sich in ihm aus und auf welche inneren Wunden weist er mich hin? Wie sehr muß mich meine Wunde schmerzen, daß ich so über den anderen denke? Anstatt uns den Gedanken zu verbieten, lassen wir ihn zu und können offen mit ihm kämpfen. Nur so können wir ihn überwinden, ohne ständige Angst, daß er wieder in uns auftauchen könnte. Manche fühlen sich wie besessen von einem negativen Gedanken, weil er bei den unpassendsten Gelegenheiten in ihnen hochsteigt. Wenn wir mit Poimen ohne Angst die Gedanken anschauen und dann offen mit ihnen kämpfen, werden wir nie »besessen« sein von irgendwelchen Gedanken. Die Gedanken werden nicht zu Zwangsgedanken, sondern zu einem Gegner, mit dem wir kämpfen in dem Vertrauen, daß Gott uns den Sieg verleiht.

Es gibt allerdings Menschen, für die es nicht gut ist, negative Gedanken in sich einzulassen, um mit ihnen zu kämpfen. Sie sollen den Gedanken sofort abweisen, ohne sich mit ihm zu beschäftigen. Welcher Weg besser ist, hängt vom einzelnen ab, von seiner Belastbarkeit und Widerstandskraft. So sagt ein Väterspruch:

Abba Poimen fragte einmal den Altvater Joseph: »Was soll ich tun, wenn die Leidenschaften an mich herankommen? Soll ich ihnen widerstehen oder sie eintreten lassen?« Der Greis sagte zu ihm: »Laß sie eintreten und kämpfe mit ihnen!« In die Sketis zurückgekehrt, setzte er sich hin. Und es kam einer von den Thebäern in die Sketis und sagte zu den Brüdern: »Ich fragte den Abba Joseph: Wenn die Leidenschaften mir nahekommen, soll ich widerstehen oder sie einlassen? Und er sagte mir: Laß sie ganz und gar nicht hereinkommen, sondern haue sie auf der Stelle aus!« Der Altvater Poimen hörte, daß der Abba Joseph so zum Thebäer gesprochen hatte. Er machte sich auf und ging zu ihm nach Panepho und sagte zu ihm: »Vater, ich habe dir meine Gedanken anvertraut und siehe, du hast zu mir so gesprochen, aber anders zu dem Thebäer.« Der Greis gab zur Antwort: »Weißt du nicht, daß ich dich liebe?« Er sagte: »Ja!« Der Alte: »Sagtest du nicht zu mir: Wie zu dir selber, so sprich zu mir?« Er antwortete: »So ist es!« Da sprach der Greis: »Wenn die Leidenschaften eintreten, und du ihnen gibst und von ihnen nimmst, so werden sie dich bewährter machen. Ich habe aber zu dir gesprochen, wie zu mir selbst! Es gibt aber andere, denen es nicht frommt, daß die Leidenschaften an sie herankommen. Sie haben es nötig, sie auf der Stelle abzuschneiden.« (Apo 386)

Offensichtlich hält Abba Joseph die Methode, die Leidenschaften in sich hineinzulassen und mit ihnen zu kämpfen, für die bessere. Aber sie setzt voraus, daß man in Gott einen so starken Halt hat, daß man von leidenschaftlichen Gedanken nicht überrannt wird, sondern das Positive in ihnen für sich nutzen und die Kraft, die in ihnen steckt, zu eigen machen kann.

Eine dritte Möglichkeit, mit den Gedanken umzugehen, zeigt uns Abba Theodor. Anstatt den Gedanken sofort abzuschneiden oder sich auf einen direkten Kampf mit ihm einzulassen, spielt er mit dem Gedanken wie mit einem Ball, den er immer wieder auffängt und zurückwirft. Er nimmt dem Ball damit die Stoßkraft. Er läßt ihn nicht hart aufprallen, sondern fängt ihn weich ab, so daß er ihm nicht weh tut. Und dann wirft er ihn zurück:

Man erzählte vom Abba Theodor und dem Abba Lukios, denen von Ennatu, daß sie fünfzig Jahre mit ihren Gedanken Spott trieben, indem sie sagten: »Nach diesem Winter gehen wir von hier fort.« Wenn dann der Sommer kam, sagten sie: »Nach diesem Sommer wandern wir von hier aus.« Auf diese Weise machten es diese unvergeßlichen Väter die ganze Zeit. (Apo 298)

Wenn wir uns sagen würden, auf keinen Fall darf ich von hier weg, auf keinen Fall darf ich mich scheiden lassen, auf keinen Fall darf ich meinen Ordensberuf aufgeben, dann könnte uns dieser Gedanke in Angst versetzen. Wir wissen nicht, ob wir es im Kloster oder in der Ehe aushalten können oder ob das über unsere Kräfte geht. Wenn wir ein Scheitern nicht ausschließen, sondern einfach sagen, gut, aber erst nächstes Jahr, dann können wir mit solchen bedrängenden Gedanken gelassener umgehen. Man darf sich nicht im unpassenden Augenblick vor eine Entscheidung über das ganze Leben stellen. Genausowenig kann man natürlich eine Entscheidung immer hinausschieben. Aber manchmal ist es eben besser, wie Abba Theodor und Lukios den Gedanken die Kraft zu nehmen, indem man sie zwar bejaht, aber ihnen im Augenblick doch nicht folgt. Diese Methode hat sich gerade in Krisensituationen als brauchbar erwiesen. Wenn man von einer Krise durcheinandergeschüttelt wird, wird man oft kopflos und will sich überstürzt davonmachen. Später würde man seinen Schritt bereuen. Alles Einreden, daß man das lassen solle, daß die Entscheidung doch richtig war, würde hier nichts nützen. Im Gegenteil: das würde einen nur noch mehr in die verkehrte Richtung treiben, weil man eben den Halt verloren hat und sich nicht einreden lassen kann, daß man sich an diesem Abgrund festhalten sollte. Es würde schon genügen, den in die Krise Geratenen vor dem nächsten verkehrten Schritt zu bewahren und ihm die Möglichkeit offenzulassen, daß er später immer noch den vermeintlich richtigen Schritt machen könne.

Manchmal hilft nichts anderes, als dem Gedanken, der einen anficht, nachzugeben und ihn auszuprobieren:

Man berichtete vom Altvater Gelasios, daß er oft von dem Gedanken angefochten wurde, sich in die Wüste zurückzuziehen. Eines Tages sagte er zu seinem Schüler: »Tu mir den Gefallen, Bruder, und ertrage, was immer ich auch tue, und sprich die ganze Woche nicht mit mir!« Er nahm einen Palmstab in die Hand und begann in seinem Hof herumzugehen. Wenn er müde wurde, setzte er sich ein wenig, und dann erhob er sich wieder und ging umher. Als es Abend wurde, sagte er zu sich selbst: »Wer in der Wüste herumgeht, hat kein Brot zum Essen, sondern nur Gras. Du aber, in deiner Schwäche, iß ein wenig Kleingemüse.« Er machte es so, und dann sagte er zu sich: »Der in der Wüste schläft nicht unter einem Dache, sondern unter freiem Himmel, mach es also auch so!« Er legte sich nieder und schlief im Hof. Das machte er drei Tage. Er ging im Klosterbezirk herum, am Abend aß er ein paar Salatblätter, die Nächte verbrachte er im Freien schlafend, und dann war er erschöpft. Da schalt er den Gedanken, der ihn belästigte und tadelte sich mit den Worten: »Wenn du die Werke der Wüste nicht erfüllen kannst, dann bleibe in Geduld in deinem Kellion sitzen und beweine deine Sünden und treibe dich nicht herum. Denn überall sieht das Auge Gottes die Werke der Menschen und nichts ist ihm verborgen, und er erkennt diejenigen, die das Gute tun.« (Apo 181)

Alle Argumente, daß dieser Weg für einen nicht richtig sei, nützen nichts. Der Drang, den Weg zu gehen, ist so groß, daß er nur zur Ruhe kommen kann, wenn man ihn ausprobiert. Die eigene Erfahrung lehrt einen dann mehr als alle Ratschläge anderer oder auch als die eigenen Argumente, die man sich gegen die bedrängenden Gedanken zurechtgelegt hat. Manche brauchen einen Umweg. Und man kann sie durch nichts davon abhalten. Sie müssen ihn gehen, um so selbst den richtigen Weg zu finden. Wichtig ist jedoch dabei, daß sie keine endgültige Entscheidung treffen, sondern sich nur testen, ob der Weg für sie gangbar ist.

Wenn ein Gedanke immer wieder kommt, soll man nach dem Bedürfnis fragen, das sich in ihm äußert. Wenn man sich das Bedürfnis eingesteht, es so nah an sich heranläßt, daß man es für sich selbst ausspielt, dann kann es sein, daß es verschwindet. So ging es jedenfalls einem Altvater, der drei Jahre lang vergeblich gegen den Gedanken angekämpft hatte, einen Mitbruder zu besuchen:

Schließlich sagte er zu sich: Nimm an, daß du zu jenem Alten gegangen bist und du sagst: »Geht es dir gut, Vater. Seit langem wünsche ich, eure Heiligkeit zu sehen.« Dann nahm er ein Waschbecken, wusch sich und spielte die Rolle des Alten »Du tust gut, zu kommen, Bruder. Vergib mir, denn du hast dich sehr für mich abgemüht. Der Herr vergelte es dir.« Dann kochte er, aß und trank kräftig und sogleich verschwand der Kampf.[22]

Das Bedürfnis nach Zuwendung und Anerkennung oder die Sehnsucht nach Freundschaft kann man nicht einfach unterdrücken. Es hilft aber auch nicht weiter, wenn man aus seinem Bedürfnis eine

Forderung macht, ein Recht, das einem doch zustehe. Manche Ordensleute meinen, eine Freundschaft mit einem Mann bzw. einer Frau sei für ihr seelisches Gleichgewicht unbedingt nötig. Sie gestehen sich die Sehnsucht und den Schmerz, wenn sie unerfüllt bleibt, nicht wirklich ein, sondern verstecken sie hinter der Forderung, daß das doch zu einem intensiven geistlichen Leben dazugehöre. Einen Gedanken annehmen, einen Wunsch, ein Bedürfnis annehmen, heißt, sich ganz hineinfallen lassen. Und das kann durchaus auch einmal so geschehen, daß man, wie jener Altvater, für sich selbst das Bedürfnis ausagiert, indem man es spielt. Entscheidend ist, daß der Gedanke damit zur Ruhe kommt. Von Abba Olympios wird berichtet, wie er den Wunsch nach einer Frau an sich heranließ und dadurch zur Ruhe fand:

Der Abba Olympios von den Kellien wurde zur Unreinheit versucht. Sein Gedanke sagte zu ihm: »Geh und nimm ein Weib!« Da stand er auf, bereitete Lehm, bildete ein Weib und sprach zu sich: »Sieh, das ist dein Weib, jetzt mußt du viel arbeiten, um sie zu ernähren.« Und er arbeitete mit großer Anstrengung. Nach einem Tag machte er wieder Lehm zurecht und formte daraus eine Tochter, und er sprach zu sich: »Dein Weib hat geboren! Nun mußt du noch mehr arbeiten, damit du dein Kind ernähren und bekleiden kannst.« Mit solchem Tun arbeitete er sich auf und sagte zu sich: »Ich vermag die Mühe nicht mehr zu ertragen.« Und er sprach zu sich: »Wenn du die Mühe nicht ertragen kannst, dann verlange auch nicht nach einem Weibe.« Gott sah seine Anstrengung und nahm den Kampf von ihm, und er bekam Ruhe. (Apo 572)

Das Apophthegma zeigt, wie die Mönche ohne Angst auf ihre Bedürfnisse eingingen, wie sie sie vor Gott ausbreiteten und dadurch allmählich loslassen konnten. Abba Olympios weist seine Sehnsucht nach Frau und Kinder nicht ab. Er läßt sie in sich hinein, in seinen Leib, in seine Hände, die mit Lehm eine Frau bilden. So handgreiflich wird ihm sein Wunsch. Die Art, wie er sich dann überzeugt, daß er seinen Wunsch ja gar nicht erfüllen kann, weil er zuviel arbeiten müßte, scheint uns vielleicht allzu einfach. Entscheidend ist aber dieser angstfreie Umgang mit den Wünschen und Bedürfnissen. Sie werden nicht unterdrückt, sondern in sich hineingenommen, man läßt sich auf einen Dialog mit ihnen ein und integriert sie, so daß sie in einem zur Ruhe kommen.

Poimen gibt noch einen anderen Ratschlag. Einem Bruder, der sich schämte, seine gotteslästerlichen Gedanken, die in ihm immer wieder aufstiegen, zu offenbaren, sagt er:

Mache dir keine Sorge, Kind! Sondern wenn der Gedanke kommt, dann denke ich habe nichts damit zu schaffen, deine Lästerung komme über dich, Satan! Denn diese Sache will meine Seele nicht. Und jede Sache, die die Seele nicht will, ist nur von kurzer Dauer. Da ging der Bruder geheilt von dannen. (Apo 667)

Obwohl der Gedanke in ihm ist, distanziert er sich von ihm. Er macht ihn nicht zu seinem eigenen, er übernimmt keine Verantwortung für ihn, so daß er sich auch keine Vorwürfe machen muß. Er hält ihn für etwas Fremdes, das der Satan ihm eingibt, mit dem er selbst nichts zu schaffen haben will. Die Vorstellung, daß der schlechte Gedanke von Dämonen stammt, hilft dem Mönch, sich von ihm zu distanzieren und mit ihm wie mit einem äußeren Feind umzugehen. Zumindest befreit sie ihn von den Selbstvorwürfen, die sich viele machen, sobald sie einen verwerflichen Gedanken in sich entdecken. Die Objektivierung eines Gedanken zu einem fremden Gegner, von dem man sich distanzieren kann, oder zu einer Eingebung eines Dämons, den man von sich weisen kann, kann gerade bei depressiven Gedanken helfen. So war es für einen jungen Mann ein Weg, mit seinen depressiven Gedanken dadurch zurechtzukommen, daß er immer, wenn sie ihn zu überschwemmen drohten, sagte: damit habe ich nichts zu schaffen, da schaue ich nicht hin.

In dem Apophthegma klingt noch eine weitere Methode an, mit seinen Gedanken umzugehen: man soll alle Gedanken einem geistlichen Vater offenbaren. Dadurch nimmt man ihnen die Kraft. Ein Väterspruch beschreibt die Wirkung:

Wenn du von unreinen Gedanken bedrängt wirst, verbirg sie nicht, sondern offenbare sie sofort deinem geistlichen Vater und vernichte sie. Denn in dem Maß, in dem man seine Gedanken verbirgt, vermehren sie sich und werden stärker. Ähnlich wie eine Schlange, die aus ihrem Versteck entweicht und sogleich davonläuft, so verschwindet der Gedanke sofort, wenn er offenbart ist. Und wie ein Wurm das Holz, so zerstört der schlechte Gedanke das Herz. Wer seine Gedanken offenbart, wird sogleich geheilt, aber wer sie verbirgt, wird krank vor Stolz.[23]

Was die Psychologie als Gedankenstop empfiehlt, findet sich auch schon bei den Mönchsvätern. Abba Poimen rät:

Wenn dir ein Gedanke kommt wegen der Notwendigkeit der leiblichen Bedürfnisse, und du sie einmal in Ordnung gebracht hast, und wenn er dann ein zweites Mal kommt, und du ihn wieder geordnet hast, und wenn er dann ein drittes Mal kommt, dann achte nicht darauf, denn es ist ein unfruchtbarer Gedanke. (Apo 614)

Ein Bruder fragte einen Alten: »Warum drükken die Gedanken mich nieder? Oft mache ich ihnen Vorhaltungen, aber sie entfernen sich nicht, sondern bleiben da.« Der Alte antwortete: »Wenn du ihnen nicht energisch zurufst ›Verschwindet‹, werden sie nicht weggehen. Denn solange sie Ruhe haben, werden sie nicht gehen.«[24]

Oft hilft nur, energisch die Gedanken abzuschneiden und sich nicht mehr mit ihnen zu beschäftigen. Ein Mitbruder hat das mit einem Jugendlichen erfahren, der ihn immer wieder um Rat fragte, weil er nach einer zerbrochenen Freundschaft von Selbstmitleid und depressiven Gedanken überschwemmt wurde. Er kam dann auf einmal von selbst auf die Idee, jedesmal wenn diese Gedanken ihn bedrängten und zu überwältigen suchten, ihnen laut entgegenzurufen: »Im Namen des hl. Georg: Raus!« Das half. Zuvor hatte er sich nächtelang mit seinen Gedanken herumgequält. Als er diesen Befehl das erste Mal ausprobiert hatte, rief er am nächsten Tag meinen Mitbruder an und sagte: »Ich habe heute nacht 12 Stunden geschlafen.« Und auch später half ihm diese Methode, seine Depressionen zu überwinden.

Die Verhaltenspsychologie hat bei Zwangsvorstellungen eine ähnliche Methode entwickelt: den Gedankenstop. Sobald eine Zwangsvorstellung auftaucht, soll man es dem Therapeuten anzeigen, der dann dem Patienten zuruft: »Schluß!« Mit der Zeit soll sich der Patient dann selbst diese Befehle geben und damit den Gedanken stoppen.[25] Diese Methode ist immer dann angebracht, wenn der Gedanke nicht weiterführt, wenn man darin weder ein Bedürfnis noch eine Sehnsucht entdeckt, die einem Aufschluß über sich selbst geben, wenn der Gedanke zwanghaft erscheint und unfruchtbar ist. Dann ist es das beste, ihn sich einfach vom Leibe zu halten, ihn abzuschneiden, ihn aus sich herauszuwerfen und sich nicht mit ihm zu beschäftigen.

Wieweit das Gebet eine Hilfe ist, mit seinen negativen Gedanken umzugehen, wurde an anderer Stelle dargelegt.[26] Hier sollten nur einige Methoden aufgezählt werden, die die Mönche als Reaktion auf negative Gedanken und Einreden empfehlen. Welche Methode für mich gerade richtig ist, das hängt von meiner jeweiligen Situation und von meiner Veranlagung ab. Es bedarf der discretio, der Gabe der Unterscheidung, um für sich den richtigen Weg zu entdecken. Meist braucht man dazu auch das Korrektiv eines geistlichen Vaters, der am besten erkennt, welche Methode gerade weiterhelfen kann. Vielleicht muß ich mich erst intensiv den negativen Gedanken zuwenden, sie erforschen, nach den Bedürfnissen und Wünschen fragen, die darin versteckt liegen, die Energie entdecken, die darin schlummert, oder ich muß einen Dialog mit meinen Gedanken beginnen, ihnen die Spitze nehmen, sie umlenken und so zur Ruhe kommen lassen. Vielleicht muß ich die Gedanken aber auch von vornherein abhalten, sie gar nichts ins Herz lassen, weil sie unfruchtbar sind. Und möglicherweise ist die antirrhetische Methode für mich der beste Weg. Durch positive Einreden schaffe ich in mir eine positive Grundhaltung, eine Haltung des Glaubens, aus dem heraus ich alles angehe, was mir begegnet.

VI. Glauben – so tun als ob

Die antirrhetische Methode hat als Hintergrund ein ganz bestimmtes Glaubensverständnis. Glauben ist für die alten Mönche weniger ein Fürwahrhalten von Dogmen und Glaubenssätzen, sondern in erster Linie »So-tun-als-ob«. Was ist damit gemeint? Wenn die Mönche sich ein Wort der Schrift immer wieder vorsagen, so glauben sie, daß dieses Wort Wort Gottes ist, daß es die Wirklichkeit beschreibt, wie sie ist, und daß es bewirkt, was es ausdrückt. Wenn man sich mitten in seinen depressiven Gedanken vorsagt: »Ist einer in Christus, ist er eine neue Schöpfung. Das Alte ist vergangen. Siehe es wurde neu« (2 Kor 5,17; Evagrius, Traurigkeit 73), so glaubt man, daß das in einem so zutrifft, daß man wirklich in Christus neu geworden ist. Man spürt es noch nicht, man weiß es nicht gewiß – man hofft und vertraut, daß es stimmt. Und in diesem Vertrauen tut man so, als ob es stimmt.

Oder wenn man sich das Wort Jesu vorsagt: »Steh auf, nimm dein Bett und geh« (Mk 2,11), dann darf man sich das Wort nicht einhämmern, bis man schließlich spürt, daß man von seinen Lähmungen frei geworden ist. Sich das Wort vorsagen, heißt vielmehr, darauf vertrauen, daß es stimmt, und einfach so tun, als ob es stimmt, also einfach aufstehen und aus sich herausgehen. Der Gelähmte hat auf das Wort Jesu hin nicht erst gewartet, bis er in sich die Freiheit von seiner Lähmung spürte, sondern er ist einfach aufgestanden, er hat so getan, als ob Jesu Wort stimmte, und im Aufstehen, im So-tun-als-ob hat er erfahren, daß es stimmt, daß er wirklich geheilt ist. Wir fühlen uns auch oft blockiert, gelähmt von zu hohen Erwartungen, von Ängsten, von Überlegungen, was denn die anderen von uns denken würden. Es nützt nichts, daß wir uns das Wort Jesu immer wieder vorsagen. Wir müssen auch danach handeln. Wir können nicht warten, bis wir in uns Kraft spüren, bis wir es sicher wissen, daß wir aus uns herausgehen können. Wir müssen vielmehr einfach auf das Wort hin tun, was es besagt.

Das Einreden von Schriftworten ist keine billige Technik, mit der wir erreichen können, was wir wollen. Es gehört zu dieser Methode der Glaube als das So-tun-als-ob, das Wagnis, nach dem Wort auch zu handeln. Das Tun ist das Experiment, das die Richtigkeit der Glaubenshypothese erweist. Wir wollen die Beweise oft vor dem Experiment unseres Tuns in Händen halten. Wir wollen in uns spüren, daß wir geheilt sind, daß der Herr mit uns ist, daß wir eine neue Schöpfung sind. Wir wollen den Geist Gottes in uns erfahren und erst auf die Erfahrung hin handeln. Doch mit dieser Einstellung verstellen wir uns die Heilung. Wir halten ängstlich an uns fest. Wir wollen uns durch das Wort Gottes selbst erlösen und selbst heilen und erst als Geheilte, als Menschen ohne Schwächen uns den anderen darstellen. Doch das ist letztlich Unglaube. Wir glauben nur an das, was wir spüren, was wir erfahren. Und so verbauen wir uns neue Erfahrungen, so verbauen wir uns die eigentliche Glaubenserfahrung. Die Erfahrung des Glaubens macht erst der, der springt, bevor er erfahren hat, der so tut, als ob es stimmt, bevor er es mit Gewißheit weiß. Der Glaube braucht Erfahrungen. Sonst wird er in uns verblassen. Aber die Erfahrung macht man erst im Experiment des Tuns. Ob eine naturwissenschaftliche Hypothese stimmt, zeigt sich, wenn ich ganz bestimmte Versuchsanordnungen treffe und dann einen Versuch mache. Das Experiment bestätigt oder widerlegt die Hypothese, die ich vom Verstand her erahnt habe. Mit der Hypothese des Glaubens ist es ähnlich. Die Versuchsanordnung ist das Wort, das ich mir vorsage. Der Versuch aber ist das Tun, das erweist, ob das Wort stimmt.

Vielleicht stößt die Formulierung auf Widerstand: Glaube ist so tun, als ob. Mancher mag denken, wir können doch nicht bloß von Einbildungen leben, sondern von Glaubensgewißheiten. Wenn wir uns jedoch genau betrachten, so müssen wir zugeben, daß wir ja unbewußt ständig von Einbildungen leben. Unsere negativen Einreden sind ja auch Einbildungen. Wenn wir uns vorsagen »das ist zu schwer für mich, das schaffe ich nie«, dann bilden wir uns ein, daß die Aufgabe wirklich zu schwer für uns ist. Ob sie es wirklich ist, ist damit noch lange nicht erwiesen. Doch wir tun so, als ob sie zu schwer für uns wäre. Und in gewisser Weise macht uns die negative Einbildung dann die Aufgabe auch zu schwer. Die negative Einbildung bewirkt in uns etwas Negatives. Wenn man sich ständig vorsagt, daß etwas schiefgehen wird, dann ist die Wahrscheinlichkeit groß, daß es auch wirklich schiefgeht. Unsere Einbildung hat die negative Wirkung hervorgerufen.

Wir leben also ständig von Einbildungen. Die Frage ist, ob wir nach Einbildungen leben wollen, die uns die Wirklichkeit verstellen oder aber nach solchen, die uns die Wirklichkeit so deuten, wie sie ist. Die Einbildung des Glaubens erschließt uns die Realität so, wie sie wirklich ist, wie sie von Gott her ist. Wenn wir daher nach den Einbildungen des Glaubens leben, so leben wir realitätsgerecht und damit gesund. Man kann sich daher auch nicht Beliebiges einbilden. An der Realität erweist es sich, ob die Einbildung stimmt oder nicht. Allerdings ist die Wirklichkeit nie ganz eindeutig. Sie hat immer mehrere Seiten. Die negative Einrede läßt sie mich durch eine negative Brille sehen. Was ich sehe, ist wirklich. Es ist aber nur ein Ausschnitt, eine negative Auswahl. Wenn ich die Wirklichkeit durch die Brille des Glaubens sehe, dann erkenne ich sie in ihrer ganzen Fülle, ich sehe sie von Gott her und damit richtig.

Freilich kann man sich auch im Glauben etwas einreden, was nicht stimmt oder was einen Gott nicht näherbringt. Es gibt auch fanatische Einreden, die mit Schriftworten hantieren. Paulus gibt ein Kriterium an, an dem wir erkennen können, ob es eine selbsterdachte Einrede oder aber eine Einrede aus dem Glauben ist: es ist das Kriterium der Freude und Liebe, der Gelassenheit und Geduld, des Friedens, der Güte, Freundlichkeit und Treue. (Vgl. Gal 5,22) Und für die Mönche ist ein Hauptkennzeichen, ob der Glaube echt ist, das Nicht-Richten, der Glaube an den guten Kern in jedem Menschen. Wenn einer durch seine Einbildungen fanatisch und eng wird, über andere schimpft und andere verurteilt, ist es immer ein Zeichen, daß er sich nicht dem Wort Gottes geöffnet hat, sondern sich mit seinen Worten die Wirklichkeit zurechtbiegen will, selbst wenn er seine Worte in Worte der Schrift kleidet. Ein weiteres Kriterium, ob meine Einreden stimmen, ist, ob ich meine negativen Gedanken an mich heranlasse oder aber ob ich sie verdränge, indem ich mich vorschnell mit dem Wort Gottes identifiziere und so tue, als ob alles andere für mich kein Problem sei. Um mit meinen Einreden nicht auf den Holzweg zu geraten, bedarf es einer geistlichen Führung. Der geistliche Vater erkennt sehr schnell, ob ich mit dem Vorsagen von Bibelstellen nur meine Wünsche erfüllen, mich nur mit Gottes Hilfe stärker machen und mich von allen Schwächen und Komplexen befreien will, die mich ärgern, weil sie mich vor den anderen in einem negativen Licht erscheinen lassen. Oder aber, ob ich mich durch die ständige Meditation von Schriftworten in den Geist der Schrift einüben und mich in Gottes Gegenwart stellen will, um mich von ihm durchleuchten und heilen zu lassen.

Das Verständnis des Glaubens als ein So-tun-als-ob entspricht durchaus dem der Heiligen Schrift, etwa des Hebräerbriefes, der den Glauben definiert als Feststehen in dem, was man erhofft. (Hebr 11,1) Man hat es nicht, man spürt es nicht, aber man steht trotzdem darin fest, man handelt danach in der Hoffnung, daß es stimmt. Wenn wir den Glauben so verstehen, dann befreit er uns vom Leistungsdruck, als ob wir im Glauben immer etwas spüren, erfahren müßten. Sicher braucht der Glaube Erfahrung. Aber heute wird von der Glaubenserfahrung manchmal so gesprochen, daß alle, die nichts in sich davon spüren, ein schlechtes Gewissen bekommen und meinen, sie würden halt nicht richtig glauben. Es besteht ein Erfahrungsdruck, der allen ohne diese Erfahrung ein Gefühl der Minderwertigkeit einimpft. Glaube als So-tun-als-ob befreit uns von diesem Druck. Wir brauchen nicht unbedingt etwas zu spüren. Wir können trotzdem aus dem Glauben leben, wir können einfach probieren so zu leben, als würde es stimmen. Im Tun können wir dann spüren, daß es stimmt. Aber wir müssen es nicht spüren. Es kann durchaus sein, daß man auch im Handeln aus dem Glauben nicht immer spürt, was der Glaube ausdrückt. Man lebt dann eine Zeitlang so als ob, in der Hoffnung, daß das Leben die Richtigkeit des Tuns erweist und es uns auch wieder spüren läßt.

Von jungen Menschen hört man oft: ich kann einfach nicht glauben, Glaube ist Gnade, ich habe sie eben nicht, dafür kann ich nichts. Manchmal erscheint das als Ausrede, sich auf das Experiment des Glaubens nicht einlassen zu müssen. Auch der, der nicht glauben kann, weil er eben nichts spürt, kann den Versuch machen. Er kann es einfach mal ausprobieren, nach Worten Jesu zu leben, oder mit der Zusage zu leben: »Siehe ich bin bei dir.« Wir können durch solche Worte nichts in uns erzwingen. Aber wenn wir mal unser Habenwollen aufgeben, wenn wir auf unsere intellektuellen Abwehrversuche verzichten und so einem Wort trauen, kann in uns das Vertrauen wachsen, daß es stimmt, daß Gott wirklich bei uns ist, daß das Wort »Siehe ich bin bei dir« mehr zutrifft als meine negative Einrede »Keiner mag mich, ich bin simmer allein, keiner kümmert sich um mich«, mehr auch als das Argument des Verstandes, daß Gottes Gegenwart wissenschaftlich nicht beweisbar und experimentell nicht nachprüfbar ist.

Die Definition des Hebräerbriefes »Glaube ist das Feststehen in dem, was wir erhoffen«, weist noch in eine andere Richtung. Wir sollen von Gottes Verheißungen leben, feststehen in dem, was wir erhoffen, so tun als ob alles, was Gott uns verheißen hat, stimmt. Der Glaube lebt von der positiven Projektion. Wir sehen die Gegenwart von der Zukunft Gottes her. Wir sehen uns selbst von Gottes Möglichkeiten her, die er mit uns hat. Und damit bleiben wir nicht fixiert auf unsere Schwächen und auf die Wunden, die uns die Vergangenheit zugefügt hat. Wir leben nicht mehr von der Vergangenheit, sondern von der Zukunft her, von der Zukunft Gottes mit uns. Wir leben davon, daß wir in Christus ein neuer Mensch geworden sind, daß der Geist Gottes uns bewohnt und daß unsere sündige Vergangenheit abgetan ist. Die Psychoanalyse ist vergangenheitsorientiert, der Glaube orientiert sich an der Zukunft. Die Psychoanalyse will den Menschen durch die Erhellung der Vergangenheit verändern und heilen, der Glaube verwandelt uns, in dem er von der Zukunft her lebt. Gott als die Zukunft ist in uns schon Gegenwart, sein Geist ist in uns, und wir leben davon, daß wir einmal ganz von seinem Geist durchdrungen und verwandelt werden.

Im Glauben sehen wir auch unsere Mitmenschen von den Möglichkeiten her, die Gott mit jedem Menschen hat. Und wir sehen die ganze Welt von Gottes Verheißungen her. Die Verheißung des Friedens bei den Propheten ist dann keine leere Phrase, sie könnte auch in unsere heutige Sehnsucht nach Frieden Bewegung bringen. Wir sind zu sehr fixiert auf die Gegenwart, auf die Blindheit der Völker, auf die Sinnlosigkeit des Wettrüstens. Aus dem Gefühl der Ohnmacht heraus lassen wir uns zu Aktionen verleiten, die den Frieden herbeiführen sollen, ihn aber oft noch mehr zerstören. Martin Luther King hat ein Stück Frieden verwirklichen können zwischen Schwarz und Weiß, weil er nicht auf die Gegenwart fixiert war, sondern einen Traum hatte, weil er von der Zukunft Gottes her lebte und feststand in dem, was er erhoffte. Wir brauchen nicht alles selbst zu schaffen, weder bei uns selbst noch in unserer Welt. Wir sollten Gottes Verheißungen trauen.

Gott hat mit uns und unserer Welt mehr Möglichkeiten, als wir uns ausdenken können. Und er hat uns in der Schrift seine Möglichkeiten geschildert. Wenn wir so tun, als ob seine Zusagen stimmen, dann können wir freier leben. Die Beengung der Gegenwart hält uns nicht mehr gefangen, wir nehmen mitten in der Enge eine andere Wirklichkeit wahr und leben von ihr her, von der Verheißung Gottes, die Gefangene singen macht und Freiheit und Friede für die Welt verheißt.[27] Das ist keine Flucht vor der Realität in eine Idylle göttlicher Verheißungen, sondern ein Leben aus dem Glauben, der sich vom Faktischen nicht täuschen läßt, sondern feststeht in dem, was wir erhoffen und daher frei ist von dem Druck, alles selbst in die Hand nehmen und leisten zu müssen.

Noch von einem anderen Druck will uns der Glaube als So-tun-als-ob befreien, von dem Druck des schlechten Gewissens. Manche meinen, wenn sie lange genug ein geistliches Leben geführt hätten, dann dürfte nichts Negatives mehr in ihnen sein, keine negativen Gedanken, keine Zweifel, keine gemeinen und dunklen Wünsche und Gefühle. Glaube heißt jedoch, die Augen nicht zu verschließen vor meiner eigenen Realität, vor meinen Ängsten und Schwächen, vor meiner Dunkelheit. Das ist alles in mir und bleibt trotz meines Glaubens in mir. In mir ist vieles, was mit Gott gar nichts zu tun haben will. In mir steckt Unlust zum Beten. Ich hänge an vielem, was mit Gott nicht zusammenhängt. Das soll ich ruhig zuge -ben: ja, das ist in mir. Aber in mir ist zugleich auch jene andere Realität: Christus ist in mir. Oder wie es in dem Wort aus Ez 37,14 heißt: »Ich lege meinen Geist in euch, daß ihr lebendig werdet.« Neben dem Ungeist ist eben auch der Geist Gottes in mir. Ich brauche den Ungeist nicht erst aus mir zu vertreiben, sondern ich darf mitten in meinem Ungeist auch an den Geist Gottes in mir glauben. Die Frage ist, wem ich mehr zutraue. Wenn ich mir das Wort aus Ezechiel vorsage, dann verlege ich das Schwergewicht meiner Aufmerksamkeit auf den Geist Gottes in mir. Mitten in meiner Angst, in meiner Schwäche glaube ich, daß der Geist Gottes in mir ist. Und ich kann mitten aus meiner Schwäche heraus aufstehen und so handeln und leben, als ob der Geist Gottes in mir wäre. Ich brauche keinen Kraftakt des Glaubens zu vollziehen, der die negative Realität in mir nicht wahrhaben will, der sie sich verbietet (du darfst nicht schwach sein, du mußt glauben, du mußt im Glauben stark sein), sondern ich darf mitten in meiner Leere, in meiner Schwäche dem Geist Gottes in mir trauen. Und so führt der Glaube zu Gelassenheit und Ruhe. Er befreit mich von dem Druck, als ob ich in meinem Glauben ohne jede Angst und Schwäche sein müßte. Die Angst ist noch genauso in mir. Aber neben der Angst ist auch der Geist Gottes in mir und ihm darf ich trauen und mich aus meiner Angst heraus doch an Aufgaben wagen, vor denen ich sonst zurückschrecken würde. Wie gut ich selbst dabei wegkomme, ist nicht so wichtig. Ob meine Angst da wieder sichtbar wird, soll mich nicht kümmern. Entscheidend ist, daß Gottes Geist in mir zum Zuge kommen kann, indem ich ihm traue und so lebe und handle, als ob er in mir wäre.

Wir bilden uns in den positiven Einreden nicht Beliebiges ein, sondern wir bilden uns das Wort Gottes ein, weil wir eine Vorahnung haben, daß es stimmt. Wir glauben zumindest theoretisch, daß das Wort Gottes Kraft hat und unser Leben zu heilen vermag. Diesen theoretischen Glauben versuchen wir in den positiven Einreden vom Kopf ins Herz rutschen zu lassen. Daher ist dieses Verständnis des Glaubens als eines So-tun-als-ob durchaus rational zu verantworten. Wir erliegen nicht einem billigen Trick, sondern wir versuchen Gottes Wort ernst zu nehmen und es auf seine Tragfähigkeit hin zu testen.

Als in einer Diskussion über dieses Glaubensverständnis dagegen protestiert wurde, daß wir doch nicht von Einbildungen her leben könnten, sondern nur aus der Wahrheit, meinte eine Schwester, für sie sei dieser Begriff des Glaubens befreiend. Denn sie gehe nicht immer zum Chorgebet, weil sie vom Geist des Gebetes erfüllt sei oder sich danach sehne, sondern zu einem großen Teil tue sie es als ob. Sie überlasse sich dem Gebet, ohne etwas zu spüren, in der Hoffnung, daß ihr Beten in ihr trotzdem etwas in Bewegung bringt. Der Glaube, der so tut als ob, kann uns zumindest von allen Selbstvorwürfen befreien, daß wir zuwenig Glauben hätten, daß wir doch eigentlich immer an Gott denken müßten, daß wir doch eigentlich immer Liebe zum Chorgebet haben müßten, daß wir im Glauben doch mit allen Schwierigkeiten zurechtkommen müßten, daß wir nie schlecht gelaunt sein dürften, und wie die inneren Forderungen alle heißen, die wir oft mit dem Glauben verbinden, die aber letztlich nur aus einer »ich-bin-nicht-o.-k.-Haltung« entstammen, die auf Gott projiziert wurde.

Wenn wir einfach so tun, als ob alles stimmt, was uns der Glaube sagt, dann halten wir uns nicht darüber auf, wie wir eigentlich glauben müßten, sondern wir probieren mit all unseren Zweifeln und mit unserem Unglauben und mit unserer Unlust an Gott den Glauben aus. Wir wissen, daß der Glaube nie ein Besitz sein wird, den wir sicher in Händen halten und vorweisen können. Wir können den Glauben immer nur ausprobieren. Und ein Weg, ihn auszuprobieren, ist der Weg der positiven Einreden, die wir täglich einüben können. Wir lassen das Wort Gottes in uns wirken. Wir geben ihm Raum in uns in der Hoffnung, daß es uns verwandeln wird. Doch wir schauen nicht ungeduldig aus nach unserer Verwandlung, wir erschrecken nicht vor dem Alten, das in uns bleibt. Es genügt uns, zu erfahren, daß es sich lohnt, so zu tun als ob. Wir brauchen nicht erst alle Schwächen abzulegen, sondern das Neue des Glaubens kann mitten in unserer Schwäche aufscheinen. Gottes Kraft kommt in unserer Schwachheit zur Vollendung, sagt Paulus. (2 Kor 12,9) Mitten in unserer Schwäche, mitten in unserem Ungeist, in unserer Leere und Starre ist auch Gottes Geist, der uns lebendig macht. Der Glaube bewährt sich mitten in unserem Unglauben, mitten in unseren Zweifeln. Das ist eine sehr alltägliche Form des Glaubens, aber eine Form, die unseren Alltag zu wandeln und zu heilen vermag.

Anmerkungen

Die Abkürzung *Apo* mit einer Ziffer gibt die Nummer des Apophthegmas an nach der Ausgabe von Bonifaz Miller, Apophthegmata patrum. Weisung der Väter, Sophia – Quellen östlicher Theologie Band 9, Trier, 8. Aufl. 2009.

1 Evagrius Ponticus, Antirrhetikon, herausgegeben von W. Frankenberg, Evagrios Ponticus, Berlin 1912; Deutsche Ausgabe: Evagrius Ponticus, Die große Widerrede. Antirhetikos, übersetzt von Leo Trunk, mit einer Einführung von Anselm Grün und Fidelis Ruppert, Quellen der Spiritualität Band 1, Münsterschwarzach, 3. Aufl. 2012.

2 Johannes Cassianus, 24 Unterredungen mit den Vätern, übersetzt von K. Kohlhund, Kempten 1879, Unterredung 1,5; aktuellere Übersetzung in: Johannes Cassian, Unterredungen mit den Vätern. Collationes Patrum, übersetzt und erläutert von Gabriele Ziegler, Quellen der Spiritualität Band 5 (Teil 1: Collationes 1–10) und 9 (Teil 2: Collationes 11–17), Münsterschwarzach 2011/2014; Teil 3 (Collationes 18–24) erscheint 2015.

3 Ebd. Unterredung 1,17.

4 Vgl. dazu Anselm Grün, Reinheit des Herzens. Wege der Gottsuche im alten Mönchtum, Münsterschwarzacher Kleinschriften Band 188, Münsterschwarzach 2013.

5 Anselm Grün, Der Umgang mit dem Bösen. Der Dämonenkampf im alten Mönchtum, Münsterschwarzacher Kleinschriften Band 6, Münsterschwarzach, 15. Aufl. 2011; 11.

6 Die Zahlen geben im Folgenden die Nummer der Einrede an, wie sie in der Ausgabe des Antirrhetikos (vgl. Anmerkung 1) unter dem jeweiligen Laster angegeben ist.

7 Les sentences des péres du dèsert, nouveau recueil, hrsg. v. L. Regnault, Solesmes 1977, N 592/43.

8 Ebd. N 592/45.

9 Ebd. Eth Coll 13,77.

10 Les sentences des péres du dèsert, troisième recueil, herausgegeben von L. Regnault, Solesmes 1976, Am 22,14.

11 Vgl. zum Ganzen, G. v. Rad, Theologie des Alten Testamentes Band 1, München 1966, S. 430–435.

12 Ebd. S. 432.

13 Ebd. S. 434.

14 Vgl. dazu F. Ruppert, Meditatio-Ruminatio. Zu einem Grundbegriff christlicher Meditation: Erbe und Auftrag 53 (1977) S. 83–93.

15 Les sentences, Am 133,1.

16 Vgl. F. H. Kanfer, Selbstregulierung und Selbstkontrolle: Psychologie des 20. Jahrhunderts, Band IV, herausgegeben von H. Zeier, Zürich 1977, S. 801ff.

17 W. Schneider, Magie der Sprache: Psychologie des 20. Jahrhunderts, Band XV, herausgegeben von G. Condrau, Zürich 1979, S. 973.

18 Ebd. S. 974.

19 G. v. Rad, a.a.O. S. 433.

20 F. Seiler, Deutsche Sprichwörterkunde, München 1922, S. 21.

21 Im Folgenden halte ich mich an: R. Rogoll, Nimm dich, wie du bist. Eine Einführung in die Transaktionsanalyse, Freiburg 1976. Die weiteren im Text angegebenen Seitenzahlen beziehen sich auf dieses Buch.

22 Les sentences, nouveau recueil, N 443.

23 Ebd. N 592/50.

24 Ebd. N 453.

25 L. Süllwold, Verhaltenstherapie an Hand von klinischen Fällen: Psychologie des 20. Jahrhunderts, Band IV, S. 744f.

26 Anselm Grün, Gebet und Selbsterkenntnis, Münsterschwarzacher Kleinschriften Band 1, Münsterschwarzach, 13. Aufl. 2007.

27 Vgl. R. Bohren, Vom Heiligen Geist, München 1981, S. 29f.

Die Lebenskunst der Klöster

Münsterschwarzacher Kleinschriften

1	Anselm Grün, **Gebet und Selbsterkenntnis**	1979/2002
3	F. Ruppert/A. Grün, **Christus im Bruder**	1979/2004
6	Anselm Grün, **Der Umgang mit dem Bösen**	1980/2001
7	Anselm Grün, **Benedikt von Nursia**	1979/2004
11	Anselm Grün, **Der Anspruch des Schweigens**	1980/2003
13	Anselm Grün, **Lebensmitte als geistliche Aufgabe**	1980/2001
16	Anselm Grün, **Sehnsucht nach Gott**	1982
17	F. Ruppert/A. Grün, **Bete und Arbeite**	1982/2003
19	Anselm Grün, **Einreden**	1983/2001
22	Anselm Grün, **Auf dem Wege**	1983/2002
23	Anselm Grün, **Fasten**	1984/2001
24	Guido Kreppold, **Heilige**	1984/2013
25	Guido Kreppold, **Die Bibel als Heilungsbuch**	1985/2002
26	M. Dufner/A. Louf, **Geistliche Begleitung im Alltag**	1985/2006
29	A. Grün/M. Reepen, **Heilendes Kirchenjahr**	1985/2001
31	Basilius Doppelfeld, **Mission**	1985
32	Anselm Grün, **Glauben als Umdeuten**	1986/2002
36	Anselm Grün, **Einswerden**	1986/2003
37	Kommunität Brakkenstein, **Regel f. e. neuen Bruder**	1986/2014
39	Anselm Grün, **Dimensionen des Glaubens**	1987/2004
41	Johanna Domek, **Gott führt uns hinaus ins Weite**	1987
42	Basilius Doppelfeld, **Begegnen heißt teilen**	1987
44	Anselm Grün/Petra Reitz, **Marienfeste**	1987/2001
46	Anselm Grün/Michael Reepen, **Gebetsgebärden**	1988/2002
48	Reinald Rickert, **Arbeit und Gebet**	1988
50	Anselm Grün, **Chorgebet und Kontemplation**	1988/2002
52	Anselm Grün, **Träume auf dem geistlichen Weg**	1989/2001
57	Grün/Dufner, **Gesundheit als geistliche Aufgabe**	1989/2001
58	Anselm Grün, **Ehelos – des Lebens wegen**	1989/2003
60	Anselm Grün, **Gebet als Begegnung**	1990/2001
64	Anselm Grün, **Eucharistie und Selbstwerdung**	1990/2002
67	A. Grün, **Geistl. Begleitung bei den Wüstenvätern**	1992/2002
68	Anselm Grün, **Tiefenpsycholog. Schriftauslegung**	1992/2002
71	Anselm Grün, **Bilder von Verwandlung**	1993/2001
73	Wunibald Müller, **Meine Seele weint**	1993/2001
76	Anselm Grün/Gerhard Riedl, **Mystik und Eros**	1993/2001

77 Gabriele Ziegler, **Der Weg zur Lebendigkeit** 1993
79 Fidelis Ruppert, **Der Abt als Mensch** 1993
80 Boniface Tiguila, **Afrikanische Weisheit** 1993
81 Anselm Grün, **Biblische Bilder von Erlösung** 1993/2001
82 A. Grün/M. Dufner, **Spiritualität von unten** 1994/2002
85 R. Abeln/A. Kner, **Das Kreuz mit dem Kreuz** 1994
86 Fidelis Ruppert, **Mein Geliebter, die riesigen Berge** 1995
87 Basilius Doppelfeld, **Zeugnis und Dialog** 1995
88 Edgar Friedmann, **Die Bibel beten** 1995
90 Fidelis Ruppert, **Intimität mit Gott** 1995/2002
92 Anselm Grün, **Leben aus dem Tod** 1995/2001
94 Edgar Friedmann, **Ordensleben** 1995
95 Hermann M. Stenger, **Gestaltete Zeit** 1996
97 Christian Schütz, **Mit den Sinnen glauben** 1996/2014
98 Karin Johne, **Wortgebet und Schweigegebet** 1996
99 Anselm Grün, **Das Kreuz** 1996/2005
100 A. Grün/A. Seuferling, **Schöpfungsspiritualität** 1996/2002
101 Basilius Doppelfeld, **Lassen und Gelassenheit** 1996
102 Anselm Grün, **Wege zur Freiheit** 1996/2003
103 G. Kreppold, **Krisen – Wendezeiten im Leben** 1997/2001
104 Irmgard und Peter Abel, **Familienleben** 1997/2002
106 Anselm Grün, **Exerzitien für den Alltag** 1997/2001
108 F. Ruppert/A. Stüfe, **Der Abt als Arzt ...** 1997
109 Henri Nouwen, **Unser Heiliges Zentrum finden** 1998/2003
110 Georg Braulik, **Zivilisation der Liebe** 1998
111 Wunibald Müller, **Wenn du ein Herz hast ...** 1998
112 G. Kreppold, **Selbstverwirklichg. od. Selbstverleugng.?** 1998/2014
113 Basilius Doppelfeld, **Erinnern** 1998
114 Anselm Grün, **Zerrissenheit** 1998/2001
116 Reinhard Körner, **Was ist Inneres Beten?** 1999/2002
117 Christa Carina Kokol, **Wie bist du, Gott?** 1999
118 Gabriele Ziegler, **Sich selbst wahrnehmen ...** 1999
120 Anselm Grün, **Vergib dir selbst** 1999/2001
122 Guido Kreppold, **Träume – Hoffnung für das Leben** 1999/2001
123 Günter Biemer, **Unser Glaubensbekenntnis** 2000/2013
124 Basilius Doppelfeld, **Loslassen und neu anfangen** 2000/2002
127 Wunibald Müller, **Dein Herz lebe auf** 2000/2002
128 Anselm Grün, **Entdecke das Heilige in Dir** 2001
129 Guido Kreppold, **Esoterik** 2001
130 Mauritius Wilde, **Der spirituelle Weg** 2001

131 Johanna Domek, **Das Leben wieder spüren** 2001/2006
134 Klaus-Stefan Krieger, **Gewalt in der Bibel** 2002
136 Meinrad Dufner, **Schöpferisch sein** 2002
137 B. Ulsamer/M. Hell, **Wie hilft Familien-Stellen?** 2003
138 Lothar Kuld, **Compassion – Raus aus der Ego-Falle** 2003
139 Peter Abel, **Neuanfang in der Lebensmitte** 2003
140 Wunibald Müller, **Dein Weg aus der Angst** 2003
142 A. Grün/R. Robben, **Gescheitert? – Deine Chance!** 2003
143 Meinrad Dufner, **Rollenwechsel** 2004
144 Bertold Ulsamer, **Zum Helfen geboren** 2004
145 A. Grün/W. Müller, **Was macht Menschen krank ...?** 2004
146 Peter Modler, **Lebenskraft Tradition** 2004
147 Gruber/Steins, **Mit Gott fangen die Schwierigkeiten ...** 2005
148 Guido Kreppold, **Die Kraft des Mysteriums** 2005
149 Peter Modler, **Gottes Rosen** 2005
150 Jonathan Düring, **Der Gewalt begegnen** 2005
151 Wunibald Müller, **Allein – aber nicht einsam** 2005
152 B. Ulsamer, **Lebenswunden – Hilfe zur Traumabewältigung** 2006
153 Olav Hanssen, **Dein Wille geschehe** 2006
154 Reinhard Körner, **Dunkle Nacht** 2006
155 Jonathan Düring, **Wild und fromm** 2006
156 Guido Kreppold, **Dogmen verstehen** 2006
157 Peter Abel, **Gemeinde im Aufbruch** 2006
158 Michael Plattig, **Prüft alles, behaltet das Gute!** 2006
159 Paulus Terwitte/Peter Birkhofer, **Ich bin gerufen** 2007
160 Wunibald Müller, **Atme auf in Gottes Nähe** 2007
161 Anselm Grün, **Alles ist mir Himmel** 2007
162 Meinrad Dufner, **Kirchen verstehen** 2007
163 Jochen Sautermeister, **Glück und Sinn** 2007
164 Johannes Füllenbach, **Dein Reich komme** 2007
165 Wunibald Müller, **Atme in mir** 2008
166 Kirsner/Böhm, **Wo finden wir die blaue Fee?** 2008
167 Michael Plattig, **Ich wähle alles!** 2008
168 Katharina Schridde, **Den mütterlichen Gott suchen** 2008
169 Christoph Gerhard, **Astronomie und Spiritualität** 2008
170 Meinrad Dufner, **Seele ist Körper** 2009
171 Anselm Grün, **Lebensträume** 2009
172 Benedikt Müntnich, **Über Benedikt** 2009
173 Sabine Demel, **Spiritualität des Kirchenrechts** 2009
174 Astrid H. Küpper, **Erwecke den Clown in dir** 2010

175	Guido Kreppold, **Nachfolge**	2010
176	Placidus Berger, **Ars Moriendi**	2010
177	Mauritius Wilde, **Inspiration für Kirche und Welt**	2010
178	Gabriele Ziegler, **Frei werden**	2011
179	Marlene Fritsch, **Ich möchte keine Heilige sein**	2011
180	Jesaja Langenbacher, **Initiation**	2011
181	Nikolaus Nonn, **Willkommen**	2011
182	Meinrad Dufner, **Gottestäter**	2012
183	Bertold Ulsamer, **Schuld verstehen und heilen**	2012
184	Zacharias Heyes, **SOS – Was ist Notfallseelsorge?**	2012
185	Anselm Grün, **Demut und Gotteserfahrung**	2012
186	Hilarion Alfejev, **Vom Gebet**	2013
187	Sabine Demel, **Kirche sind wir alle**	2013
188	Anselm Grün, **Reinheit des Herzens**	2013
189	Guido Fuchs, **Das Tischgebet**	2013
190	Otto Betz, **Zum Glück gibt es die Freude**	2014
191	Wunibald Müller, **Vergebung**	2014
192	Peter Abel, **Taufe ist Leben**	2014
193	Ein Kartäuser, **Die Spiritualität der Großen Stille**	2014

Die Titel dieser Reihe sind auch im **Abonnement** zu beziehen. Gerne informieren wir Sie unter Tel. 09324/20-292 über diese Möglichkeit.